酒店管理专业系列创新教材
JiuDian GuanLi ZhuanYe XiLie ChuangXin JiaoCai

总主编 罗旭华

U0621742

酒店危机管理

Jiudian WeiJi GuanLi

主编 翟向坤

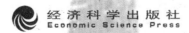

经济科学出版社
Economic Science Press

图书在版编目（CIP）数据

酒店危机管理/翟向坤主编 . —北京：经济科学
出版社，2013.9
酒店管理专业系列创新教材
ISBN 978 - 7 - 5141 - 3703 - 3

Ⅰ . ①酒… Ⅱ . ①翟… Ⅲ . ①饭店—商业企业
管理—高等学校—教材 Ⅳ . ①F719. 2

中国版本图书馆 CIP 数据核字（2013）第 190008 号

责任编辑：刘明晖 李 军
责任校对：王肖楠
版式设计：齐 杰
责任印制：王世伟

酒店危机管理

翟向坤 主编

经济科学出版社出版、发行 新华书店经销
社址：北京市海淀区阜成路甲 28 号 邮编：100142
总编部电话：010 - 88191217 发行部电话：010 - 88191522
网址：www. esp. com. cn
电子邮件：esp@ esp. com. cn
天猫网店：经济科学出版社旗舰店
网址：http://jjkxcbs. tmall. com
北京盛源印刷有限公司印装
710×1000 16 开 12 印张 210000 字
2014 年 1 月第 1 版 2014 年 1 月第 1 次印刷
ISBN 978 - 7 - 5141 - 3703 - 3 定价：27. 00 元
（图书出现印装问题，本社负责调换。电话：010 - 88191502）
（版权所有 翻印必究）

酒店管理专业系列创新教材
编写委员会

前　言

随着经济全球化的发展，经济和社会发展中的不确定性显著增加，作为中国酒店业遭受内外因素所致危机冲击的可能性亦明显增多。中国酒店作为一个为商务公众和旅游公众服务的重要设施，在其发展过程中，很难避免因各种问题而使酒店面临"危机"，同时亦可能受到来自安全、恐怖主义等各方面的威胁。当危机一旦发生时，如果处理得不好，一个小小的危机事件，不仅可能对酒店造成重大伤害，造成直接经济损失，甚至还可以导致一家酒店的倒闭和破产，甚至影响一个地区的形象。就中国酒店而言，能否建立起一个完善的"危机"管理机制，从容地应对和处理"危机"，将是对其生存能力、应变能力和竞争力的一个重大考验。基于此，在很多中国酒店尤其是著名品牌酒店中，以分析、预警和处理酒店危机事件为主要任务的危机管理研究，已开始成为一项受到高度重视的新的职能管理工作。

作为高等职业教育酒店管理专业的专业课程教材，《酒店危机管理》旨在通过对中国酒店可能面对的危机事件加以研究，通过危机产生原因、背景、特点的研究，提出建立酒店业危机管理预案及具体实施的措施办法，探索出了一条使中国酒店通过对危机的监测、防范、决策和处理，达到避免和减少危机产生的危害，甚至将"危"转化为"机"的管理之路。

本书由多位高校多年从事酒店管理专业教学、经验丰富、教学效果优秀的资深教授和一线骨干教师编写。全书由翟向坤担纲主编。全书共分三部分，即理论篇、实践篇之外部因素及实践篇之内部因素，翟向坤负责项目一及项目三模块十一、十二、十三的编写，项目二由郑治伟编写，项目三模块八、九、十由崔春芳编写。

在本书编写过程中得到中国劳动关系学院李华东副院长、刘玉芳副院长及高职学院和教务处等各部门的关心和大力支持,得到了同行专家的指导与帮助,对此我们深表谢忱。同时,我们在编写过程中参考了众多报刊、书籍和有关网站的资料,在此一并向作者表示诚挚的谢意。

由于编者常识水平和实践经验有限,本书中的疏漏或不当之处在所难免,恳请广大读者及同行专家赐教指正,以期进一步修改完善。

编者

2013 年 8 月

目 录

目 录

项目一　理论篇

【主要内容】

　　本项目主要涉及酒店危机酒店危机管理、酒店危机管理的内容和程序等。

【学习目标】

　　通过本项目内容的学习，要求学生理解危机、危机管理、酒店危机及酒店危机管理等概念基本含义，了解酒店危机和酒店危机管理的基本情况，在此基础上掌握酒店危机管理的基本内容与程序。

模块一　酒店危机概述

【能力培养】

　　1. 理解危机和酒店危机概念；

　　2. 掌握酒店危机的特点和类型；

　　3. 了解酒店危机的影响因素。

　　进入商战时代以来，关于危机意识的警言不绝于耳：

　　在德国奔驰公司董事长埃沙德·路透的办公室里挂着一幅巨大的恐龙照片，照片下面写着这样一句警语："在地球上消失了的，不会适应变化的庞然大物比比皆是。"

　　英特尔公司原总裁兼首席执行官安德鲁·葛洛夫有句名言叫"惧者生存"。这位原世界信息产业巨子将其在位时取得的辉煌业绩归结于"惧者生存"四个字。

　　通用电气公司前任董事长兼首席执行官韦尔奇说："我们的公司是个了不起的组织，但是如果在未来不能适应时代的变化就将走向死亡。如果你想知道什么时候达到最佳模式，回答是永远不会。"

　　微软公司原总裁比尔·盖茨的一句名言是"微软离破产永远只有18个月。"

　　海尔公司总裁张瑞敏在谈到海尔的发展时用一个字来概括他这些年的感觉——"惧"。他把"惧"诠释为如临深渊，如履薄冰，战战兢兢。他认为市场竞争太残酷了，只有居安思危的人才能在竞争中获胜。

"最好的时候，也就是最危险的时候。""不要忘记，我们是私营企业，私营企业是多么脆弱啊！""我想把三株的体会、经验和教训告诉大家，希望引起大家对危机管理的重视。"这是三株总裁吴炳新经历了三株生死劫难后最想说的 3 句话。

"我们今年可能活不成了。"这是华为集团的老总任正非在企业蒸蒸日上时告诫员工的话。

天津大海食品有限公司 1997 年开业庆典时挂了一条横幅，上书"今日开业，何时倒闭？开业大愁"的警语。企业的危机管理大见成效。在开业以后的三年中，公司以其高质量的产品和完善的售后服务不断扩大自己的顾客群，名声大振，生意兴隆。

美国《大西洋》月刊载文指出，成功企业必须自我"毁灭"才能求生。如果它们不自我"毁灭"，别人将把它们毁灭，让其永无再生之日。

……

美国波士顿大学公共关系名誉教授奥陀·罗宾革（Otto·Lerbinger）在其著作《危机管理》一书中鲜明地指出"这是个危机的年代"，并且认为没有企业可以对危机免疫。美南加州大学马歇尔商学院的商业政策教授伊恩·米特罗（Ian Mitroff）更为明确地指出"危机不再是今日社会异的、罕见的、任意的或者外围的特征，危机根植于今日社会经纬之中。"

任务一　危机概念

一般情况下，关于危机（crisis），没有普遍化了的定义（C·W·Timothy Cooms，1999）。换句话说，危机具有各种不同的定义。词典上表示危机来自表示"分离"的希腊语"Krinein"，原意是指生死边界点上的突发的，决定病情变化的医学用语（韩国百科辞典，2003）。

一、危机概念的西方观点：从古典到现代

1. 古希腊时代 crisis 希腊文意义为 crimein 作决定之义（to decide）（詹中原 1993：2）。

2. 危机的本义为医学上的转折点（Turning-Point）是病人病情转好或恶化的关键时刻。16、17 世纪危机在医学上被普遍使用。发展到 19 世纪病理学上的意义更加明确，危机被认定是不均衡或坏的意义（Jonathan，1988）。

3. 韦氏大字典（Merriam - Webster's Collegiate Dictionary）认为：危机（Cri-

sis）是事件转机与恶化之间转折点（Turning Point of Better or Worse）。换言之，危机应被解释为：生死存亡的关键，由于危机是一段不稳定的状况、不确定的时间、不可知的后果；而迫使当事人必须做出断然的决定。因此危机是转机或是恶化，其中概率是各半。通俗地说，就是具有前景不确定性、后果连带性、决策紧迫性、过程突变性、威胁根本性的事件。

4. 牛津英文字典（Oxford English Dictionary）认为：危机（Crisis）通常是指国家或组织在发展过程中，所遭遇到的转折点或生死存亡的关头。

5. 危机 Crisis 的同义词：Acme、Climax、Conjecture、Height、Strait、Turning-Point、Urgency。

6. 古巴导弹危机事件（1962）：国际间核武器威胁日益严重，战略专家开始投入危机的个案研究与理论架构建立，以应付国际间军事危机。20 世纪末期，国际间普遍地运用危机概念与理论在解决国际之间冲突，遂有"石油危机、金融危机、企业危机"，之后，"政治危机、经济危机、财务危机、社会危机、信心危机、婚姻危机、家庭危机"，乃至"青少年危机、校园危机"也继之逐渐被重视。

二、危机概念的东方观点

1. 危机的中文词义：兼含有危险与机会双层意义。危机是一种危险和机会。亦即，必须运用智慧使有脱险的机会。危机即转机，危机是创造机会的情境。

2. 中国人常提居安思危，凡事预则立、不预则废、有备则制人、无备则制于人等语，及西方人常说 Hoping the Best, Preparing the Worst 都是一种危机管理的观念。

3. 孟子：国无敌国外患者恒亡。生于忧患，死于安乐。

4. 在我国，《辞海》一书中对于"危机"的解释为：（1）潜伏的祸机。《晋书·诸葛长民传》："富贵必履危机"；（2）生死成败的紧要关头；（3）即"经济危机"。

三、危机定义的当代建构

根据有关专家对危机所具有特质（严重性、破坏性、复杂性、动态性、扩散性等）的不同认知，在企业危机管理领域，中外专家学者对危机名词概念界定也有不同的阐述。

（一）国外现代论点

著名危机管理专家劳伦斯·巴顿（Larence Barton）博士将危机定义为"一个会引起潜在负面影响的具有不确定性的大事件，这种事件及其后果可能对组织及其员工、产品、服务、资产和声誉造成巨大的损害"。奥·罗宾革（Otto Lerbinger）教授对危机所下的定义可能会更为全面和具体："任何对企业的名誉、获利、生存和成长已或有可能造成威胁或危害的事件，我们都把它看作危机。"我们认为奥陀·罗宾革（Otto Lerbinger）教授的表述包含两个层面，一是危机所造成的影响，另一则是危机发生的时从危机的范围涵盖企业的名誉、获利、生存和成长四个方面，另外在时间层面上，已经或可能产生灾害的事件都涵盖在危机的范围界定内。

1. 杨格（Oran Young，1967）：危机是打乱原有体系或部分体系运作的情境。亦即，对于体系内变量的一种急遽与突然的变化状况。

2. 赫曼（Charles F. Hermann，1969）：危机是含有威胁、时间限制、意外三项情境的状况。

3. 摩尔斯（Edward L. Morse，1973）：危机是突然出现，要求国家或组织、必须最短时间内、在高度价值或争议中、做出政策选择的特殊状况。

4. 史奈德＆迪辛（Gleen H. Snyder&Paul Diesing，1977）：国际危机是指两国之间，处于严重冲突、隐含高度战争发生概率的互动状况。

5. 贝尔（Coral Bell，1979）：危机原指转折点；但可界定为：在某段时间内，两者之冲突会升高到足以影响或改变原先存在的关系。

6. 科尔德特斯（Karl W. Deutsch，1982）认为：国际危机是具备四种要项：一个重要的转折点、必须做某种重要决定、至少一方主要价值受到威胁、必须在时间压力下做决定的突发性紧急事变。

7. 公共行政学者杰克森（Robert Jackson，1998）认为：危机是发生的一个系统（如国家、组织、政党）之一件或一连串事件，而该事件重要且必须政府出面处理，人民要求公权力涉入，再者必须在时间限制下做决策，且无法完全预测未来，即使可以预测亦仅是一般性预测能遭受损失的价值、损失发生的可能性，在此状况之下即为危机。

8. 美国伊恩·米特罗夫（Mitroff，1992）的组织整体说认为：危机是指一种情境或事件，会对整个组织系统有形运作产生影响之外，更会对组织及其成员的基本假设、目标、主观的自我感以及存在的意义产生威胁。危机可说是系统架构的破坏者。

9. 波森和柯莱尔（Person & Clair，1998）：组织危机的定义分为：具有高度的侵略性、但因果关系不明确、发生概率不高，一旦发生极有可能威胁组织的存亡、仅在有限的时间内可供反应、会让组织成员感到压抑、陷入两难困境需要抉择，其结果可能转好或更恶化。

10. 班克斯（Kathleen Fearn-Banks）认为危机是"一个主要事件可能带来阻

碍企业正常交易及潜在威胁企业生存的负面结果"。

11. 费舍尔（Donald A. Fishman）认为危机是"发生不可预测的事件、企业重要价值受到威胁、企业对外响应的时间较短、危机沟通情境涉及多方面关系的剧烈变迁"。

12. 迈克尔·布兰德（Michael Bland）认为危机是"严重意外事件造成公司的安全、环境或公司、产品信誉被不利宣传，使公司陷入危险边缘"。

13. 美国罗森塔尔（Rosenthal）和皮内泊格（Pijneburg）的"情境说"认为：危机是指具有严重威胁、不定性和有危机感的情境。

14. 西蒙（Simon·A·Booth）认为："危机是个人、群体或组织无法正常程序处理，而且突然变迁所产生压力的一种情境"。

15. 福斯特（Foster）则认为："紧急决策，人员严重缺乏，物质严重缺乏，时间严重缺乏，构成了危机的基本要点"。

16. 日本学者龙泽正雄虽然同意以上几位专家的观点，但对危机概念的界定也有不同的表述，他认为危机一般由事故、事物发生（损失）的不确定性、事故发生（损失）的可能性、危险性的结合、预期和结果的变动等五个元素构成。

（二）国内当代论点

国内理论界对企业危机管理的研究尚处于起步阶段，成果甚少。对危机的界定，从不同角度予以描述。

1. 新华词典将危机解释为"严重困难的关头"。

2. 任生德、解冰等学者对危机概念的解释是："能够潜在地给组织（政府或企业）的声誉或信用甚至经济造成负面影响的事件或活动"。

3. 连世正（1989）：危机专指政府或组织的突发状况，危机包含危机问题的形成或情势以及处理的政策。

4. 余康宁（1991）：危机指在无预警之下，对组织生存具有严重性威胁性的情境或事件，在此急迫状况下，决策者须在有限的时间及不确定的情境中，做出关键性的决定。

5. 蒋廷黻（1962）：古巴飞弹危机发生，肯尼迪总统问到蒋廷黻：危机（Crisis）在中国是什么意思？蒋先生稍一思索便回答说：在危险中带有机会！危机的外表是危险、危难，但其内涵却极可能包藏着机会或契机的。

6. 孙本初（1996）则指出，危机系指组织因内、外环境因素所引起的一种对组织生存具有立即性且严重威胁性的情境或事件。据此，可归纳出危机具有的特性，提供我们在进行危机管理时参考。

7. 侯友宜（2002）：危机具有未能充分预警、不确定可能产生负面结果以及时间紧促等特性。

8. 张苍波（1996）：在未充分预警下突然发生，可能造成生命或财产损失，迫使决策者必须在短时间内决策回应，采取适当措施以降低损失的事件。

9. 于凤娟译（2001）企业危机是指导致企业组织陷入争议、并危及其企业未来获利、成长甚至生存的事件。

10. 林文益和郑安凤（2002）认为，危机可界定为：不可预测的事件。如果未予妥当处理，主要威胁会对组织企业或相关人员带来负面的后果。

11. 徐士云（2002）：危机乃是环境的急遽变迁，所造成的极不稳定状态或情境，有妨碍组织目标的达成，甚至威胁组织及成员的生存，必须在有限的时间之内立即做出反应，否则将造成莫大的损害。然而危机是居于转折点之地位，作出的反映可能会使组织受益并得以继续存在，但也有可能蒙受相当损失。

12. 朱爱群（2002）：危机可解释为惊讶性、威胁到组织的甚大价值损失、具有时间压力、迫使决策者必须作成决定的突发状况。

13. 中国台湾学者朱延智在总结海内外学者的观点的基础上，将危机的内涵界定为："危机的发生，不会是单纯的某一部分出现问题"，"通常是其他危机的连锁反应"，"是整个企业运作流程发生逻辑错误，甚至整体系统出现问题"。

以上有关危机含义的界定，有一共同的特征，即注重的是危机的结果，将危机仅仅看作一个不利事件给某一组织带来的某种不利或损失，很少是从危机的来源对危机进行深入的剖析。

四、危机相关概念界说

（一）皮罗（Perrow，1984）和哈伯玛斯（Habermas，1973）

1. 事件：较大系统中的某个次系统的损坏，但并未影响整个系统。

2. 事故：物理性的损坏影响整个系统的运作，使整个系统短期间内无法发挥正常作用。例如：核电厂事故、医院急救体系故障。

3. 冲突：系统中轻微的或象征性的受到损坏，但并未涉及系统中的基本假设。

4. 危机：包含物理性及象征性的损坏，会影响整个系统的基本假设及其运作，造成整个系统的物理性操作性的崩坏。换言之，可说是组织架构的破坏者（Mitroff，1992）。

（二）詹中原（1999）

1. 紧急事件（Emergency）：指突然的、意外发生的，而且必须立即处理的事件。强调带给人相当大的惊讶与事先无预警，是危机的一环，也可能是危机的爆发期或爆发前期。

2. 危险（Harzard or Dangers）：指对人类及其所重视事项的威胁。着重在事件发生后对人的心理造成不安与恐惧，或者包括物品财产或身体精神的损害。

3. 灾难（Disaster, Catastrophe or Hazard）：意味突然发生的灾祸，是问题潜伏、舒缓及准备期，也指"问题未妥善处理或舒解所造成的后果"。在危机处理或危机管理中，灾难是危机管理不当所造成的负面结果。

4. 风险（Risk）：指某项技术、事件、业务或活动，在经过一段时间后产生的特定影响的概率。风险的意义着重在灾难发生概率的探讨。在企业经营或企业管理中，风险是需要事先预估并且纳入成本效益分析。美国南加州大学教授威廉·皮克主张：风险是危机转成灾难的可能性（Probability）。

5. 事件（Incident）：意义同前述，系指较大系统中的某个次系统的损坏，但并未影响整个系统。

6. 事故（Accident）：意义同前述，事故是指物理性的损坏影响到整个系统的运作，使整个系统短期间内无法发挥正常作用。例如：核电厂事故、医院急救体系故障。

7. 冲突（Conflict）：意义同前述。系指系统中轻微地或象征性地受到损坏，但并未涉及系统中的基本假设。换言之，未造成实质性、关键性或重大性的损害。

任务二　危机的效应

一、蝴蝶效应

蝴蝶效应亦称"台球效应"，是气象学家洛兰兹 1963 年提出来的。其大意为：一只南美洲亚马孙河流域热带雨林中的蝴蝶，偶尔扇动几下翅膀，可能在两周后在美国得克萨斯引起一场龙卷风。其原因在于：蝴蝶翅膀的运动，导致其身边的空气系统发生变化，并引起微弱气流的产生，而微弱气流的产生又会引起它四周空气或其他系统产生相应的变化，由此引起连锁反应，最终导致其他系统的极大变化。

"今天的蝴蝶效应"或者"广义的蝴蝶效应"已不限于当初洛兰兹的蝴蝶效应仅对天气预报而言，而是一切复杂系统对初值极为敏感性的代名词或同义语，其含义是：对于一切复杂系统，在一定的"阈值条件"下，其长时期大范围的未来行为，对初始条件数值的微小变动或偏差极为敏感，即初值稍有变动或偏差，将导致未来前景的巨大差异，这往往是难以预测的或者说带有一定的随机性。

二、涟漪效应

"涟漪效应"又称"衰减效应"，是指技术、信息、经验和新观念等在经济区域之间扩散传播的过程其能量不断消耗、速度逐渐降低、影响逐渐减小，像池塘中扩散的涟漪一样的现象。

（一）"涟漪效应"产生的机理

1. 技术、信息、经验和新观念等在扩散过程中，会遇到自然经济、传统观念和旧经济体制的阻碍和顽强抵抗，这使得它们在传播过程中以减速的形式向前运动。

2. 经济中心的扩散力随着运输费用的提高而呈衰减趋势。过去人们很直观地认为一个城市对外的影响力随着离开城市距离的增加而递减，但这只是建立在地域自然地形地貌条件、交通区位、运输方式无差别的假设基础之上，现实中并不完全存在。实质上真正影响经济区域中心影响力的是经济区域中心和外界交互作用的各种"流"的传输费用，它是距离与单位成本的综合。

3. 无论哪种经济活动都有节约社会劳动的内在要求。所以，在可能的情况下，就倾向于按就近原则组织相关的资源和要素去进行生产和经营。只要能够基本满足所必需的技术要求和经济效益，各种经济活动都倾向于就近组织，要素也容易与空间上近邻的相关经济活动或区域发生联系。而且随着空间距离的增大，各种经济活动采取行动的可能性及产生的影响都相应的减小。所以，从本质上来看，这就是为什么发达地区只能带动周边地区快速发展的根本原因。

（二）危机的涟漪效应影响

危机事件往往会产生涟漪效应，即危机发生后，危机就像一颗石头投进池水中引起阵阵涟漪，对外部产生负面影响。如果涟漪效应不能有效控制，一些初始危机往往会引发更大的危机。为了避免涟漪效应发生，必须做好危机事件的信息披露工作。

在社会透明度日益增强的今天，媒体作为推动社会进步的力量，不应该也不可能被排斥在危机管理之外。当危机出现后，避免小道消息的流传和媒体的误报是非常重要的。只有不掩盖真相，积极配合媒体在第一时间做好报道工作，敢于露丑，才能取得工作的主动和群众的信任。

三、多米诺骨牌效应

在一个相互联系的系统中，一个很小的初始能量就可能产生一连串的连锁反应，人们就把它们称为"多米诺骨牌效应"或"多米诺效应"。

任务三 酒店危机概念

研究酒店危机管理的前提，是对酒店危机概念的界定与阐释，只有准确把握危机的内在本质，才有可能全面系统地探究危机管理的方式与管理模式，也才能找准危机管理的动因要素。但目前，由于国内酒店危机管理研究刚刚起步，有关酒店危机内涵的研究，虽有提及，还不甚明朗系统。因此，科学、准确地把握酒店危机内涵，是酒店危机管理研究必须首先解决的问题。

尽管目前学界对危机的界定，观点各异，但却反映了学术研究的进步与繁荣，遗憾的是，这样的势头，并未在旅游酒店学界及早地引起重视，对酒店危机内涵准确的界定亦较少。笔者认为，酒店危机是指由于突发性的重大事件的发生而使酒店的生产经营活动陷入一种危及酒店生存与发展的严重困境。它是酒店外部环境突变与酒店内部管理失常两者交互作用的产物。酒店危机与一般的危机相比有其特殊性，各种内外部环境因素均影响酒店活动的开展，它的产生、发展过程、运动形式都呈现出一定的规律性，并在酒店生产经营活动中表现出具体的逆境征兆。

任务四 酒店危机特点

危机一般具备以下特点：不可预测性、严重危害性、舆论关注性、普遍存在性。危机是一个会引起潜在负面影响的具有不确定性的重大事件，这种事件及其后果可能对组织及其员工、产品、服务、资产和声誉造成巨大的损害，甚至会威胁组织的生存。

至于酒店危机的特点如下：

1. 阶段性：通常可分为潜伏期/警讯期/预防/准备期/爆发/遏止期/扩散期/恢复期/学习期。

2. 严重危害性：危机事件所引发的后果往往非常严重，且这种严重的后果不仅仅是针对酒店企业而言，有时会波及影响整个社会。从酒店角度看，危机首先破坏了酒店正常的经营秩序，导致经营混乱或经营陷于困境；危机的危害性还在于它给酒店企业造成的形象破坏力是巨大的。

3. 不确定性：包括状态的不确定、影响的不确定、反应的不确定等，此三种特性正是对管理者的能力及组织的应变措施形成一种极具挑战性的考验。

4. 时间上的紧迫性：当危机突然发生时，决策者必须立即能对情境做出适当的反应，往往在时间的压力及信息不足的情形之下会影响决策的质量。

5. 舆论关注性：危机因其突发性和严重危害性容易引起舆论的高度关注，常常成为人们谈论的主题和媒体报道的焦点。对新闻界而言，危机事件是人人关心的有价值新闻，对酒店而言，就意味任何危机事件都不能成为秘密。因此，危机一般都会成为舆论的焦点。

6. 普遍存在性：危机的普遍性是指任何一个企业哪怕是优势企业在发展过程中都不可避免遭遇形形色色的危机。有一企业领导人很形象地说："企业发生危机如同死亡和税收一样，是不可避免的。"既然危机不可避免，现在酒店就应该建立敏锐的预警机制，及早发现危机萌芽，防微杜渐。

7. 双效性：危机有危险和机会双层含义，既是危机也是转机。危中有机，机中有危。

任务五　酒店危机类型

不同类型的危机，处理的方法存在着很大的差异。在处理危机前，酒店首先确定危机的类型，以便于有针对性地采取对策。

一、按酒店危机的性质分类

（一）决策性危机

它是酒店经营决策失误造成的危机。酒店不能根据环境条件变化趋势正确制定经营战略，而使其遇到困难无法经营，甚至走向绝路。

（二）商誉性酒店危机

它是酒店在长期的生产经营过程中，公众对其产品和服务的整体印象和评价。酒店由于没有履行合同及其对消费者的承诺，而产生的一系列纠纷，甚至给合作伙伴及消费者造成重大损失或伤害，酒店信誉下降，失去公众的信任和支持而造成的危机。

（三）经营性酒店危机

它是酒店管理不善而导致的危机。包括服务质量危机、环境污染危机、关系纠纷危机。

第一，服务质量危机。酒店在生产经营中忽略了服务质量问题，损害了消费者利益，由此引发消费者恐慌，消费者必然要求追究酒店的责任而产生的危机。

第二，环境污染危机。酒店的"三废"处理不彻底、有害物质泄漏、爆炸等恶性事故造成环境危害，使周边居民不满和环保部门的介入引起的危机。

第三，关系纠纷危机。由于错误的经营思想、不正当的经营方式忽视经营道德，员工服务态度恶劣，而造成关系纠纷产生的危机。如食物中毒、出售假冒伪劣商品、顾客财物丢失等。

（四）灾难危机

它是指酒店无法预测和人力不可抗拒的强制力量，如地震、台风、洪水等自然灾害、战争、重大工伤事故、经济危机等造成巨大损失的危机。危机给酒店带来巨额的财产损失，使其经营难以开展。

（五）财务危机

酒店投资决策的失误、资金周转不灵、股票市场的波动、贷款利率和汇率的调整等因素使其暂时资金出现断流，难以使企业正常运转，严重的最终造成酒店瘫痪。

（六）法律危机

它是指酒店高层领导法律意识淡薄，在酒店的生产经营中涉嫌偷税漏税、以权谋私等，事件暴露后，酒店陷入危机之中。

（七）人才危机

人才频繁流失所造成的危机。尤其是酒店核心员工离职，其岗位没有合适的人选，给企业带来的危机也是比较严重的危机现象。

（八）媒介危机

真实性是新闻报道的基本原则，但是由于客观事物和环境的复杂性和多变性，以及报道人员观察问题的立场角度有所不同，媒体的报道出现失误是常有的现象。一种是媒介对酒店的报道不全面或失实。媒体不了解事实真相，报道不能客观地反映事实，引起的酒店危机；二是报道失误。人为地诬陷，使媒体蒙蔽，引起酒店的危机。

二、按酒店危机发生的程度分类

（一）酒店一般性突发事件

酒店突然发生的，对酒店人员人身安全、财产及社会秩序影响相对较小的突发事件。

（二）酒店重大突发事件

酒店突然发生的，造成或者可能造成重大人员伤亡、财产损失、生态环境破坏和严重社会危害，危及酒店及公共安全的紧急事件。

三、按酒店危机发生的外显度分类

（一）酒店显性危机

当酒店遭受外因型危机时没有各种特殊扶助并表现为重大经济损失，危机是显性的。

（二）酒店隐性危机

当酒店在遭受外因型危机过程中受到特殊扶助而减轻其损失程度时，这种危机是隐性的，比如：国家给予特别补贴、提供特别贷款或重大技术项目等。

尽管酒店危机的表现形态往往是各种各样、千变万化的，但是，就酒店危机的基本形态而言，不外乎由外部因素引起酒店危机和由内部因素造成的酒店危机两种。本文亦采用此种分类方法。

任务六　酒店危机影响因素

作为一个非常敏感的产业，酒店业处在一个不断变化的商业环境之中，其影响因素复杂而多样，各种内、外部因素的变化都会引发危机，从而对其产生影响。从宏观上分析，酒店危机的产生主要有外部和内部两个诱因。

一、外部因素

即酒店系统以外的引起宏观环境变化的因素，通常这些因素是不可控制的。而一些影响极大的外部因素可以在短期内造成突然的和严重的后果。

（一）政治因素

指由于政局变化、政权更迭、政策变化、罢工、战争、恐怖活动等引起社会动荡，给酒店业带来不利影响。目前，世界各地的武装冲突、战争和恐怖活动频繁，给酒店业带来严重的负面影响。比如 1991 年的海湾战争和 2003 年的伊拉克战争，以及"9·11"事件和巴厘岛恐怖袭击事件，都使当地的酒店遭受沉重的打击。

（二）经济因素

经济因素是指由于宏观经济环境的变化而带来的危机和风险，如通胀、汇率和利率的变动、国家经济政策的变化等。

（三）社会因素

社会因素是指因个人或团体的不可预料行为而导致的危机和风险，包括瘟疫和疾病的流行与蔓延、社会思潮、意识形态等因素，直接或间接地波及酒店的营运，给其带来负面影响。

（四）自然因素

指由于自然力的作用而造成的人身伤亡和财产损害的危机和风险，如洪水、气象灾害、地震、滑坡、泥石流等。这些自然灾害不仅给游客造成伤害，给酒店造成经济损失，还可能使旅游者失去对酒店的安全信任，从而带来负面影响。

（五）其他外部因素

主要是一些特殊的突发事件，重大工程建设项目可能在一定时间和空间内给酒店造成损失，带来危机，如长江三峡工程的开工建设，对重庆、湖北两省市的酒店发展影响较大，主要表现在大江截流、库区蓄水和大坝建成后，使得一些景点，如张飞庙，不得不搬迁，导致短期内不能使用。库区蓄水后一些老的景点的消失、新景点的出现和形成迫使库区内的旅游资源不得不重新组合，重塑旅游形象，重新获得市场认可，这也是短期内不能完成的，酒店的经营自然会受到很大的负面影响。

二、内部因素

内部因素是指发生在酒店系统内部微观环境的变化，这种内部环境的变化也会给酒店业造成危机，带来巨大的打击。但与外部因素不同的是，它在一定程度上是可以控制的。

（一）管理者的决策

由于管理者对酒店业的发展规律、行业的特性等认识的局限。或者由于希望进行内部自主性改变，如希望获得竞争优势或希望改变企业文化等，而产生决策错误，从而带来危机。

（二）人祸

由于管理不当或者由于管理措施不健全等人为因素而导致安全事故的发生，引发危机，如火灾、治安事故等。

模块二　酒店危机管理概述

【能力培养】

1. 理解危机管理和酒店危机管理概念；
2. 了解酒店危机管理特点与原则；
3. 了解酒店危机管理重要性。

任务一　危机管理概念

危机管理（Crisis Management，CM）这一概念是美国学者于 20 世纪 60 年代提出的。最早见于处理国际政治和社会经济方面的意外事故所采取的政策和措施，一般以针对国家安全和国际争端的危机为主。80～90 年代，欧美、日本等国家开始比较系统地进行企业危机管理方面的研究，这时期，危机管理理论框架雏形形成。在 21 世纪，危机管理进入理论完善的新阶段，全球管理学界开始对危机管理进行大规模的、更为全面的理论体系建设。

目前，较为有影响的企业危机管理理论有：企业危机的系统论、企业危机的结构论、企业危机生命周期论、企业痛苦指数（Pain Index）总体分析模型、企业危机管理的扩散论以及危机管理的最佳模式——危机变化的结构论。

现在，危机管理已被广泛地应用在各行各业，主要是指组织在危机发生的前后，调集资源、致力恢复组织的稳定性及活力。

危机管理大师诺曼·奥古斯丁对此是这样评价的，他说："每一次危机本身既包含导致失败的根源，也孕育着成功的种子。发现、培育，以便收获这个潜的成功机会，就是危机管理的精髓。"至于危机管理的具体含义，可能会因为管理主体的不同，对危机有不同的界定，而包括有不同的管理内容。危机管理的涉及面至少应包括：危机的预防、对危机的控制及危机发生后的善后处理三方面。

而对于危机管理的概念界定，中外学者有不同侧重层面的表述。

一、危机管理概念的西方观点

美国学者史蒂芬·芬克（Steven Fink）认为："对企业前途转折点上的危机，有计划地挪去风险与不确定性，使企业更能掌握自己前途的艺术"就是危机管理，其主要观点是对风险与危机的规避艺术；菲利普·汉斯洛夫（Philip Henslowe）则将危机管理看成是："任何发生危害组织的紧急情境的处理能力"，其主要观点是企业发生危机时对危机的处理能力；伊恩·米特洛夫与克里斯蒂娜·皮尔森（Ian Mitroff & Christine M. Pearson）将危机管理界定为"协助企业克服难以预料事件的心理障碍，好让经营管理者在面对最坏的情况时，能做好最好的准备"，其观点主要侧重于危机的防范与企业核心管理人员面临危机时的心理培育上。美国西北大学克拉克·凯沃德（Clarke L. Caywood）博士把危机管理定义为：一个快速发生的、无预期的事件或行动，该事件或行动会威胁利益相关者的生命或组织的生存能力。努纳梅克（Jay Nunamaker）认为危机管理是动态的规划过程，包括危机信息的侦测、危机的准备及预防、损害的控制及处理、复原工作的进行、不断地学习及修正五大步骤与三大阶段。努纳梅克提出危机发展的三阶段，即危机爆发前、危机发生期间及危机解决后三个阶段为探讨指标，然后以此指标来规划各阶段所需的管理活动。

日本学者龙泽正雄认为危机管理是将发现、确认、分析、评估、处理危机，视为危机管理的流程，在每一个操作阶段，始终必须以"如何以最小的费用取得最大的效用"为目标。可见，日本学者对企业危机管理的研究层面较为广泛并将"效用论"纳入了其流程的各个阶段。正是由于对效用论的过分重视才导致了"三菱车发动机事件的扩散效应"，当然将"效用论"纳入危机管理的范畴，是对其理论研究的填充。

二、危机管理概念的东方观点

（一）中国台湾学者观点

黄新福（1992）认为危机管理的理念，原本多用于国际事务紧张对峙局势的化解，远如 1962 年古巴飞弹危机，若当时处理不当恐怕将爆发美苏核子大战。而真正将危机管理置于一般组织在面临危机事件的处理与回应上，并予以深入研究，则是 20 世纪 80 年代以后的事；邱毅认为，危机管理就是"组织体为降低危机情境所带来的威胁，所进行的长期规划与不断学习、回馈之动态调整过程。为使此过程能高效率地进行，危机管理的小组编制是绝对必要的"；而何俊青、陈芳雄（1997）认为，危机管理系指一种有计划的、连续的及动态的管理过程；亦即组织针对潜在或当前的危机，于事前、事中或事后，利用科学方法，采取一连串的回应措施，且借由信息回馈，不断修正调适，有效预防、处理、化解危机的动态历程。

朱延智在总结以上观点的基础上，将危机管理阐释为："有计划、有组织、有系统地在企业危机爆发前，解决危机因子，并于危机爆发后，以最迅速、有效的方法，使企业转危为安"。

（二）中国大陆学者观点

大陆学者张玉波在其出版的《危机管理智囊》一书中，将危机管理解释为："为了预防危机的发生，应付各种企业可能出现的危机情境，减轻危机损害，尽早从危机中恢复过来，所进行的信息收集与分析、问题决策与预防、计划制订与责任落实、危机化解处理、经验总结与企业调整的管理过程"。何苏湘对危机管理的概念阐述则是，企业为了预防、摆脱、转化危机而采取的一系列维护企业生产经营的正常运行、使企业脱离逆境、避免或减少企业财产损失、将危机化解为转机的一种企业管理的积极主动行为。

纵观上述各种理论的阐释，不难得出这样的结论：危机管理乃是社会组织（如政府机构、行业组织、各类企事业单位等）在日常的经营管理过程中，为预防危机造成的险情与危害而导致行业正常经营活动的中断，通过必要的机构设置，而采取的信息监控、危机因素的搜集与处理、方案的制订与演练、危机发生后备用方案的实施、危机的处理程序以及危机后该组织运转正常化等系统的管理流程过程。

任务二 酒店危机管理概念

酒店危机管理就是酒店通过对危机的监测、防范、决策，建立快速反应机制，对危机进行及时处理，达到避免和减少危机的产生，甚至将危机转化为机会的管理过程。

任务三　酒店危机管理特点

一、危机管理的本质

一是战略管理，着眼于酒店的长治久安、永续经营；

二是信息管理，即通过对酒店内外信息的收集、分类、筛选、分析和决策，防危机于未然或把危机解决在萌芽状态；

三是文化管理，即危机管理必须依赖于酒店和全体成员忧患意识、风险意识等危机意识的增强和在企业文化中地位的确立，只有如此，危机管理才能作用于每一个岗位、每一个管理层面、每一个管理细节；

四是制度管理，即危机管理必须是企业通过制度强化和规范的行为。

二、危机管理的特点

一是系统管理，即危机管理是全过程、全方位管理，因而必须调动企业各个岗位、各个部门的积极性，调动人力物力和企业内外各方面的力量；

二是能动管理，即危机管理是一种超前的管理，是一种重在防范的管理模式；

三是低成本管理，即通过危机管理，可以降低危机发生的概率和危机发生时的损失。

三、酒店危机管理特点

酒店危机从其诱发因素看，可能是由于内部管理不善等主观因素造成，也可能是由于战争或自然灾害等不可抗力的外部因素造成。但是不管基于哪种诱发因素，酒店危机还是有一些共性特点的，通过研究这些共性特点可以为我们实施有效的危机管理提供依据。

（一）突发性

酒店业是一种敏感度很高的产业，自然、经济、社会环境出现的"非常态"都可能诱发酒店危机。因此，酒店危机往往是在人们意想不到、没有做好充分准备的情况下突然爆发的，在短时间内给酒店业及相关行业造成措手不及的一系列的、连续性的破坏，甚至使酒店业陷入混乱、跌入低谷。

（二）紧迫性

酒店危机一旦爆发，会以非常惊人的速度发展，具有很强的急迫性，解决危机的最佳机会稍纵即逝，并可能导致一系列的消极影响。这就需要酒店做出快速决断，若企业控制不力或行动迟缓，必将产生严重的后果，所以必须牢记"兵贵神速"，强调危机管理的时效性和全面性。

（三）关注性

酒店危机事件一旦发生，会受到社会各界广泛关注，特别是媒体和相关行业以及旅游者的高度关注。突发性的酒店危机会在极短时间内成为国内甚至国际社会关注的焦点。

（四）危害性

酒店危机的危害性主要指危机发生会在短时间内对酒店造成致命打击。同时，常常会引发其他不同类型的危机导致该危机的危害性被进一步放大和延续。

（五）双重性

危机集"危险"与"契机"于一体，旅游危机的双性表现为危险与契机并存，带来消极影响的同时也蕴含着前所未有的发展机遇，危中有机。因此，当危机爆发时，要以不变应万变在洞察到不利方面的同时更应高瞻远瞩，识别困难局势之中所蕴涵的发展机遇，在危险中求得生机，化危机为机遇。

任务四 酒店危机管理原则

根据各国危机管理的实践，笔者认为，面对危机，酒店必须保持镇定，争取主动，控制局面，正视传播，挽回影响，平息风波。处理酒店危机管理方面应把握下列原则：

一、道德原则

首先考虑公众和消费者的利益，保持与社会同等的道德水平。

二、预警原则

把危机消灭在萌芽阶段。

三、处理原则

甄别事实、深度分析、快速反应、果断决策、控制局面、加强沟通、维护形象。

四、恢复原则

转危为机、重塑形象、客观评估、总结经验、引以为戒。

任务五　酒店危机管理重要性

一、有助于控制事态发展，降低损失程度

危机管理最直接也是最根本的目的就是减少组织的损失，包括财产损失、信誉损失、形象损失、发展机会损失等多方面。及时的处理危机能迅速控制事态的发展，引导公众的看法，将酒店的损失减少到最低限度。

二、有助于发挥舆论关注的积极作用，重塑酒店的良好形象

及时有效的危机管理可以使组织形象得到升级，获得良好的社会效益。组织形象是酒店的一种无形资产，每一个组织都极力塑造组织形象的美好，这不是一朝一夕就能完成的工程，需要平时一点一滴的积累，循序渐进。酒店在面临重大事件时处理得当，会使组织形象得以提升，起到"画龙点睛"的作用，如果处理不善则会使苦心经营的组织形象毁于一旦，从此一蹶不振。

三、有助于维系员工忠诚度

危机发生时，酒店管理层的一举一动往往具有放大效应。如果管理层对危机管理不当，往往会导致员工对企业管理层失去信心，从而对企业的忠诚度下降；而如果危机管理得当，则能够提高员工对管理层的信任程度，提高员工的向心力。

四、有助于维持酒店盈利水平

如果危机管理不当，伴随着酒店形象的受损，顾客对酒店及其产品失去信任转而购买竞争者的产品，酒店产品的销售量必然下降，销售收入减少。酒店也可能因为危机管理不当而出现各种资源供给的不足，导致市场机会的丧失和市场占有率的下降。而在危机期间，却增加了许多正常情况下可能发生的费用，成本大幅度提高。收入减少与成本增加双重压力，使得酒店的盈利水平急剧恶化。为了避免这不利局面的发生，酒店必须重视危机管理。

模块三　酒店危机管理内容

【能力培养】

　1. 了解酒店危机管理安全网络组织的构建；

2. 掌握酒店危机管理的制定计划、制度及措施；
3. 了解酒店突发事件的简单应对与管理。

危机事件具有两面性，每一次危机既包含了导致失败的根源，又藏着成功的种子。如果处理得好，可使企业损失降到最小，甚至可能提高企业的知名度和美誉度，带来长远的经济利益。反之，则有可能使企业一蹶不振。因此，酒店要重视突发事件的管理，研究酒店危机管理对策，发现、培育、进而收获潜在的成功机会。

任务一　建立危机管理机构

酒店危机管理机构从组织上明确酒店面临危机时各部门及人员的责任、义务和基本工作内容。从公共关系角度看，正规的危机管理机构要求现代企业建立危机三级组织和二级管理机构，如图3-1所示。

图3-1　危机管理机构

一、决策层

主要由酒店的高层领导组成，主要任务是制定危机管理的基本政策和规定，指导危机办公室开展日常工作，检查危机管理日常工作，处理重大危机事件。

二、执行层

作为常设机构，一般由酒店公关部或总经理办公室承担，其主要任务是贯彻落实危机管理各项工作，负责处理一般的危机事件，收集并定期向决策层汇报相关信息。

三、操作层

由基层员工组成，其主要任务是具体执行有关危机处理的意见和建议，并负责信息收集和回馈工作。

任务二　制定危机管理计划与机制

一、制定酒店危机管理的计划

　　酒店危机管理就是通过计划、组织、指挥、协调和控制等步骤，预见并处理可能导致游客伤亡，给酒店造成经济损失，给酒店业带来影响的各种突发事件或危险事件。目的是规避风险，降低风险，将损失降至最小程度，提高酒店抵抗风险的能力。危机管理需要预先计划，酒店危机管理计划是在酒店预先制定的紧急状态下进行危机预控和处理的组织指挥、行动方案、物资装备、通讯联络、培训演练等方面的计划。它是危机工作的基础，是危机管理的第一步。酒店应根据可能发生的不同类型的危机制定一整套危机管理计划，明确怎样防止危机爆发，一旦危机爆发应如何立即做出针对性反应等。但危机管理计划必须服从于酒店的总目标。事先拟定的危机管理计划应包括：（1）任命危机控制和检查项目小组。（2）确定可能受到影响的公众。（3）为最大限度减少危机对酒店声誉的破坏，建立有效传播的管道。（4）在制定危机应急计划时，可倾听外部专家的意见。（5）把有关计划落实成文字。（6）对有关计划进行不断演习。（7）为确保处理危机有一群专业人员，平时应对人员进行特殊训练等。

二、酒店危机管理机制的建立与导入

　　酒店危机管理机制的重点不在于如何处理已出现的危机，而是如何应对可能出现的潜在危机。应对潜在危机必须建立起有效的酒店危机管理机制，危机管理机制亦是危机防范机制。

　　酒店危机管理机制的核心思想是着眼于危机的发生，但立足于危机的防范，防范胜于处理；酒店危机管理的目标是通过对危机的防范，降低危机发生的概率和发生危机时给酒店造成的损失。正如世界旅游组织在《旅游业危机管理指南》中所强调："把危机影响最小化的最佳途径就是充分做好准备"。

　　现代酒店建立和导入危机管理机制应主要从以下方面着手：

（一）倡导和建设具有危机意识的企业文化

　　企业文化是通过企业行为这一载体所表现出来的一种精神和价值观念。企业文化对员工行为不仅具有导向和教育功能，而且具有规范和管理功能，企业文化对员工的影响虽是潜移默化的，但却是持久而深刻的。因此把安全第一、预防为主的思想，没有安全就没有企业，没有安全就没有个人良好的工作环境的思想，纳入酒店企业文化建设的内容和规划是非常必要的，通过企业文化营造一个全员讲安全，人人有责任的氛围对推动和落实危机管理机制是现实的。在建设具有危机意识的企业文化过程中，企业经营管理者既是倡导和推动者，也应是模范的身体力行者。通过自上而下对安全防范工作坚持不懈的推动，进而把危机管理的理念演化成企业文化的重要组成部分，使危机管理成为企业文化。

（二）通过教育培训强化全员的危机意识

危机管理必须以人为本，重在提高全员的危机意识和危机防范水平，而要实现以上目标，关键是对全员进行经常性的危机意识的灌输和危机管理工作的培训。培训的主要内容，一是危机管理意识的培训，通过岗前培训、在岗培训、履岗培训以及管理培训，提高全员危机管理的意识，提高全员参与危机管理的认识和自觉性；二是危机防范技能的培训，通过对全员服务和生产技能、操作规范的培训，以保证服务和产品的质量；通过对员工应变能力的培训和一定的处理突发事件的授权，提高危机管理的水平，确保危机发生时能得到及时而科学的应对；三是合作与主人翁精神的培养，建立危机管理机制是一项系统工程，岗位之间、部门之间、企业与社会之间都必须密切合作，才能把危机管理落到实处，各自为政、部门分割、本位主义盛行，落实危机管理只是一句空话；四是员工守法意识的教育和培训，提高员工的法律素养，减少企业和个人违反法令的机会。

（三）危机管理工作的制度化

危机管理由一种管理理念转化为企业的一种管理模式，非常重要的一点就是通过制度的形式明确每个岗位、每个部门在防范和处理危机过程中的目标、任务和责任，切实做到任务明确，责任到人，把个人利益和企业利益紧密联系在一起，调动起员工参与危机管理的积极性和主动性。危机管理制度化是危机管理经常化、规范化和建立危机管理机制的基础和关键。

（四）建立和完善有效的危机管理体系及危机处理预案

危机一般是突发事件，通过防范可以化解部分危机，也可以减缓部分危机的到来和降低危机的损失，但不可能杜绝危机。因此，按照立足于防范，着眼于发生的危机管理原则，为了在危机发生时能临危不乱，成竹在胸，必须建立有效的危机管理体系和危机处理预案。建立危机管理体系主要包括建立危机管理组织体系、预警系统、信息支持系统等。危机组织管理体系建设应包括组建危机管理领导小组和对组织构架、业务流程进行再造。危机管理领导小组的主要任务是：统筹、计划和部署酒店的危机管理工作，并负责督促、检查和指导；搜集、分析、整理酒店内外可能给酒店造成危机的情报信息，及时预测、预报可能出现的危机，建立反应敏感和危机预警系统；建立危机处理预案，做到超前计划、超前决策，制定可行的危机处理措施和流程，明确有关岗位及人员的权限和职责；处理危机，即危机发生时，按照危机处理预案和实际情况，对危机处理实施全过程指导。按照有利于化解和预防危机的原则，按照便于管理和生产的原则，对酒店的组织架构和业务流程进行再造。建立良好的信息管理和支持系统，确保酒店内任何信息均可通过适当的渠道和程序完整的传递到必要的管理层级和人员，并且有及时的反馈。信息系统作为预警机制的重要工具，能帮助酒店及早识别和发现危机、对迅速果断的处理危机、科学的诊断危机原因、及时总结和传达相关信息以及统一口径、协调作业都有重要作用。

（五）危机的模拟和演练

在危机管理的过程中为了更好地化解危机、降低危机发生的概率，就必须对危机发生发展的规律进行深入的分析和探讨。因此，危机管理领导小组在对酒店可能发生的危机进行科学的预测后，有时需要对一些可能发生的危机发生发展的过程进行模拟，对如何应对危机进行探讨和演练。通过危机模拟和演练，总结危机发生、演变的规律，归纳防范危机的对策，提高组织和全员应对危机的能力。

模块四　酒店危机管理程序

【能力培养】

1. 了解酒店危机的识别、预警；
2. 掌握酒店危机的确认、控制；
3. 理解酒店危机解决与恢复。

作为一种客观存在，酒店危机存在于酒店生产经营过程中的每一个阶段、每一个方面。酒店内部由于人员、技术、设备、资金、管理等因素，会给酒店带来难以克服的企业危机；而酒店外部由于经济与社会环境的波动、突变，也会给酒店带来难以料想的危机。一旦发生，可能会给酒店带来巨大的威胁，若处理不当可能更会给酒店带来灾难性的影响。鉴于此，危机管理应该成为酒店经营管理的一个重要组成部分。

酒店危机的发展一般可以分为潜伏期、爆发期、灾难期和结束期四个发展阶段。根据危机的发展过程，可将酒店危机管理系统分为预警、预控、处理、总结和恢复五个子系统，如图4-1所示。

该模型把危机管理过程分成了一系列具有独特性但又相互联系的行为阶段，为了取得全面危机管理的成功，应该对每个阶段都进行有效的管理。但由于酒店管理具有复杂性的特点，使得危机的管理难度增大，因此，必须对危机管理的每一阶段进行信息回馈，不断将每一阶段的实际执行情况和计划作对比，即管理过

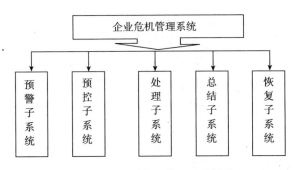

图4-1　企业危机管理系统构成

程是动态循环的，不断地发现问题、不断地解决问题，以确保危机管理的有效
进行。

任务一　"非典"疫情对于酒店危机管理的启示

随着社会风险因素的增加，安全问题越来越成为企业的根本问题。因此，社
会管理学上提出了危机管理、风险管理理论或危险管理理论。"非典"疫情作为
全国的突发事件，带给人们的启示是：一个国家，一个企业，要树立危机管理意
识，建立预警机制，提高应对能力。作为酒店，在经营管理中，研究风险发生的
原因、风险因素、特点及其发生的规律，有针对性地防范危机的发生。从而保证
酒店安全生产和经营，保证客人与员工的生命安全，保证社会物质财富免受重大
损失。

任务二　酒店危机识别、预警

酒店危机管理的重点就在于预防危机，而不在于处理危机。出色的危机预防
管理不仅能够预测可能发生的危机情境，积极采取预控措施，而且能为可能发生
的危机做好准备，拟好计划，从而自如应付危机。危机的预防措施主要有以下
几种：

一、树立强烈的危机意识，识别酒店危机

危机管理的理念就是居安思危，未雨绸缪。在酒店生产经营中，企业的全体
员工，都应"居安思危"，将危机的预防作为日常工作的组成部分。全员的危机
意识能提高酒店抵御危机的能力，有效地防止危机产生，即使危机产生了，也会
把损失降到最低限度。

提高危机意识可以从思想上对危机开始阶段保持较高的警惕性，但要能真正识别危机的开始阶段，还要对危机有较好的认识。同时，提高危机认识也能提高在危机开始阶段的反应能力，要提高危机的认识，就要了解危机产生的机制和开始阶段的表现，并知道如何采取措施以提高对危机的认识。危机产生是一个由量变到质变的过程，而量变必须经过一定的机制才能转化为质变，也就是说量变和质变之间有一定的规律可循。

因此，要尽早地发现危机开始阶段就要知道危机是由哪些因素的量变引起的，这些因素的量变又是通过什么样的机制完成质变的。虽然提高对危机的认识有不平等性，但其途径相同。

1. 科学研究，通过科学实验或统计调查，归纳总结等手段研究危机产生的机制或危机发生的表现；

2. 间接学习，通过学习他人的间接经验或研究成果，提高对危机的认识；

3. 直接经验，总结自己在危机中的亲身体验，提高对危机的认识。

二、引入酒店危机管理框架结构

酒店危机管理组织结构框架主要由三部分组成，第一部分是信息系统，第二部分是决策系统，第三部分是运作系统。

信息系统主要负责对外工作，由信息整合部、信息对外交流部和咨询管理部组成。信息整合部对外派出信息员来收集信息，并对所收集的信息进行整理和评估鉴定；信息对外交流部负责应付公众、媒体、利益团体和危机之外的人；咨询管理部主要负责分析危机的影响和危机管理造成大众及相关利益集团对企业组织的看法，并提出改善的建议，把一些重要信息及时向企业高层报告。

决策系统由危机管理者统帅，负责处理危机的全面工作，他必须有足够的权威进行决策，一般由首席危机管理者，如公司的经营决策层担任，也可由中级或基层管理者担任，但是这时必须由高级决策层授予其较大的权限。

运作系统由部门联络部和实战部组成，其中部门联络部负责联络公司内部受危机影响的部门与不受影响的部门，是正常经营地区与受危机影响地区的联系纽带，而实战部则负责将危机管理者的策略计划翻译成实战的反应策略和计划，并通过专业知识来实施这些计划。这种危机管理框架结构，不管应付何种类型、规模与性质的危机，都清楚地限定了每一个部门的工作和目标。将组织内部的信息沟通和提供给外部团体的信息分开，减少了误解和对抗，降低了对企业信誉所造成的影响。

三、建立酒店危机预警系统

酒店危机预警系统致力于从根本上防止危机的形成、爆发，是一种对酒店危机进行超前管理的系统。预警系统对预警对象和范围、预警指针、预警的信息进行分析和研究，及时发现和识别潜在的或现实的危机因素，以便采取预防措施，减少危机发生的突然性和意外性。酒店危机预警系统主要起通过评估预警信息，发出危机警报，防患于未然的作用。

　　酒店危机预警系统作为酒店危机系统管理中的子系统，是对预警对象、范围中的预警指标这一关键因素进行分析，从而获取预警信息，以便评估信息、评价危机严重程度、决定是否发出危机警报，进行危机预处理的重要环节。酒店危机预警系统包括信息搜集子系统、信息分析和评估子系统、危机预测子系统、危机预报子系统和危机预处理子系统五个子系统。其中信息搜集子系统收集可能引发危机的外部环境信息和内部经营信息；信息分析、评估子系统主要是对危机环境进行分析，了解与危机事件发生有关的微观动向，察觉环境的各种变化，保证当环境出现不利的因素时，能及时有效地采取措施；危机预测子系统对酒店经营的各方面的风险、威胁和危险进行识别和分析，并对每一种风险进行分类管理，从而准确地预测酒店所面临的各种风险和机遇；危机预报子系统判断各种指针和因素是否突破了危机警戒线，根据判断结果决定是否发出警报，发出何种程度的警报以及用什么方式发出警报；危机预处理子系统是预先制定危机预处理方案，把危机消灭在萌芽状态。酒店危机预警系统的构成如图4－2所示。

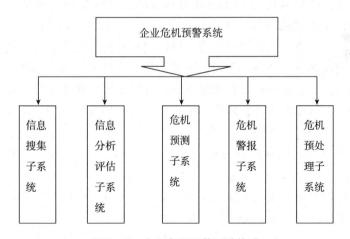

图4－2　企业危机预警系统构成

（一）信息搜集子系统

　　信息是危机管理的关键，应收集酒店外部环境信息和内部经营信息。该系统要根据酒店发展的规律和结构特点，对酒店外部环境信息进行收集、整理和分析，尽可能收集政治、经济、政策、科技、金融、各种市场、竞争对手、供求信息、消费者等与酒店发展有关的信息，集中精力分析处理那些对酒店发展有重大或潜在重大影响的外部环境信息，抓住转瞬即逝的市场机遇，获得酒店危机的先兆信息；同时要重点搜集能灵敏、准确地反映酒店生产、经营、市场、开发等发展变化的生产经营信息和财务信息，并对这些信息进行分析和处理，根据分析结果找出酒店经营过程中出现的各种问题和可能引起危机的先兆，如经营不善、观念滞后、产品失败、战略决策失误、财务危机等内部因素引起酒店人、财、物的相对和谐平衡体遭到重大破坏，对酒店生存、发展构成严重威胁的信息，以便准确、及时地预测到酒店可能发生危机的征兆，进而采取有效的措施规避和控制危机，促使酒店健康、持续地发展。

（二）信息分析、评估子系统

信息分析、评估主要是对危机环境进行分析。环境分析是指对可能或已经引起危机发生的经济、文化、社会等环境因素的了解、评价和预测。通过对酒店所在的外部环境的分析研究，掌握客观环境的发展趋势和动态，了解与危机事件发生有关的微观动向，从而敏锐地察觉环境的各种变化，保证当环境出现不利的因素时，能及时有效地采取措施，趋利避害。

酒店要及时识别、评价酒店中的薄弱环节以及外界环境中的不确定性因素，观察、捕捉酒店出现危机前的征兆性信号。由于几乎所有的危机发生前都会有不同程度的前兆，所以酒店应当及时捕捉到这些征兆的信号，及早进行必要的防范，努力确保酒店的薄弱环节不会转变为危机，不会扩大到影响酒店经营的地步，并对其可能造成的危害进行评价。酒店出现危机的前兆主要表现在：管理行为方面，不信任部下，猜疑心很强，固执己见，使员工无法发挥能力，对部下的建议听不进去，一意孤行；经营策略方面，计划不周，在市场变化或政策调整等发生变化时，无应变能力等；经营环境方面，如市场发生巨变，市场出现强有力的竞争对手，市场价格下降等；内部管理方面，如员工关系紧张，情绪低落，规章制度无人遵守等；经营财务方面，如亏损增加，过度负债，技术设备更新缓慢等。

在对信息的分析方面，真实性是至关重要的，任何虚假、失真的信息都会导致因预测不准，又过分偏重而出现失稳的状态。排除虚假信息，确保信息的真实性、可靠性，是信息分析的重要方面。危机表现为酒店与社会公众的互动行为，社会公众的态度和行为自始至终影响着酒店危机的发生和进程。因此，确认与危机相关的个体或群体作为对象，分析他们的认知态度，行为方式特点，根据预警指标，评价其危机的严重程度，才能确定是否进行危机预告。

（三）危机预测子系统

科学的预测是危机管理的前提，该系统应能预测酒店危机的演变、发展和趋势，为管理者进行危机控制和管理提供科学决策的依据。首先对酒店经营各方面的风险、威胁和危险进行识别和分析，如服务质量和责任、环境、健康和人身安全、财务、营销、自然灾害、经营欺诈、人员及计算机故障等；其次对每一种风险进行分类，并决定如何管理各类风险，从而准确地预测酒店所面临的各种风险和机遇；最后对已经确认的每一种风险、威胁和危险的大小及发生概率进行评价，建立各类风险管理的优先次序，以有限的资源、时间和资金来管理最严重的一种或某几类风险。

（四）危机警报子系统

危机警报子系统主要是判断各种指标和因素是否突破了危机警戒线，根据判断结果决定是否发出警报，发出何种程度的警报以及用什么方式发出警报。首先是确定每一个指标的可接受值与不可接受值，以可接受值为上限，以不可接受值为下限，计算其现实危机程度，并转化为相应的评价值；其次将各个指针的评价值加权平均得到酒店危机的综合评估值；最后与酒店危机临界值相比，即可进行危机警报。

（五）危机预处理子系统

酒店危机以多种形式威胁着一个酒店的生命，因此要预先制定危机预处理方案，把危机消灭在萌芽状态。危机的性质有物质、金融财务、意识形态和管理等方面。虽然酒店的危机各不相同，但酒店危机管理原则与目的是一致的。酒店要想摆脱危机步入正轨，就必须预先制定危机处理方案，以确保危机到来时能够处于主动地位，避免和削弱危机带来的负面影响，甚至可使危机变成机遇。

酒店危机预处理方案的步骤如下：

1. 提出预测的目标和事物发展的阶段及时间系列问题；

2. 积累与问题相关的背景情况及其他方面有价值的信息；

3. 从结果的可靠性和工作的时效性出发，正确选择预测方法，主要有回归分析法、时间序列分析法、模型法、直观预测法等；

4. 制定危机的预处理方案；

5. 不断进行预处理方案的评价和调整，使其优化。

总之，酒店危机预警系统是一个层次高、结构复杂，相关性强的网络系统。其系统思想是评估和监察酒店内外环境的变化，将环境威胁转化为酒店的发展契机，在制定重大方针、政策和措施时要考虑到未来的问题和危机，以确保酒店能够持续向前发展。因此，建立酒店危机预警系统的目标应是预防危机，防患于未然，使酒店顺利达成目标。对酒店而言，内部、外部环境的任何变化，都会对酒店的利益发展乃至生存产生重大的影响。如果酒店建立了酒店危机预警系统，全面、系统、连续地搜集正在变化中的与酒店发展有关的重要信息，发现并预知一切可能的变化，就可以促进酒店决策者预先采取相应措施，制定新的发展战略，寻求新的发展机遇。

任务三　酒店危机的处理

危机预警管理只能使危机爆发次数或程度减到最低值，而无法阻止所有危机的到来，但并非所有危机都会给酒店带来毁灭性的打击。合理有效地处理危机，可以使危机成为酒店的一个转折点，增强酒店抗风险能力。酒店危机爆发的原因主要有两种：一是社会环境信息引发的危机，对此酒店要调整战略，如采用收缩性战略或重组战略，以寻求新的发展；二是由酒店运行环境引发的危机，它是不适合酒店发展竞争和生存的不利因素长期积累所致，酒店危机多由此引发。

对此，酒店应首先做好危机中的信息交流，尽快对外发布有关危机的背景信息及危机情况，及时更正媒介传播的与事实不符的信息。其次，以积极的态度面对危机，有条不紊地采取行动。酒店应在危机中的第一时间内按危机处理系统所作的计划组成危机领导机构，统一协调酒店行为。应按计划实施对危机的控制和管理，及时收集和分析引起危机变异及酒店的威胁信息，调整危机管理措施，尽可能减小危机影响范围。危机处理系统指的是在危机爆发后，为减少危害和冲击，按照危机处理计划和应对策略对危机采取直接的处理措施。危机处理系统一般应包括以下若干事项：

一、以最快的速度启动酒店危机处理应变计划

在酒店危机尚未失控的时候，就要迅速采取明确的行动以阻止酒店危机的进一步发展，因此，酒店危机管理委员会在确认酒店已经发生何种类型的危机后，就要果断行动，力求在危机损害扩大之前控制住危机。如果初期反应滞后，将会造成酒店危机的蔓延和扩大。

二、及时果断地处理危机

针对不同种类的危机，可以有各种各样的处理方法，但是都必须坚持处理危机的基本原则：一是查找关键。要迅速找出主要危机和关键因素，以此为基础，危机处理就可以做到集中力量，有的放矢。主要危机、关键环节得到控制，其他问题自然迎刃而解；二是果断行动。危机爆发后，会迅速扩张。处理危机应该采取果断措施，力求在危机损害扩大前控制其发展势头；三是坚持不懈。有些危机处理措施往往不一定能在短时间内奏效，面对这种局面，酒店领导者是否沉着镇定，能否努力不懈显得尤为重要，有时局势的转换就来自恒久不已的坚持。四是

高瞻远瞩。造成危机的原因往往错综复杂，解决之道也多种多样，高明的酒店领导人往往能够高瞻远瞩，透过黑暗看到光明，透过危机看到希望，促使危机向好的方面转化。

三、依靠有效的传播和沟通工作来削弱酒店危机

这是酒店处理危机是否有成效的关键。因为有些危机的发生确实事出有因，而有些危机的出现则是由于误解或谣言。不论是哪一种情况，酒店尽可能地利用各种传媒对社会公众进行及时正确的引导，都是非常必要的。

酒店危机产生后，酒店危机管理委员会就要决定应该在什么程度上同员工、顾客、主管部门、新闻媒体以及其他重要方面进行沟通。在沟通过程中要做到坦诚，取得对方的信任，无法同各有关方面进行必要的沟通会导致酒店危机的加深。

（一）掌握主动

应掌握宣传报道的主动权，通过召开新闻发布会及使用互联网、内部网、电话、传真等形式向社会公众告知危机发生的时间、地点、原因、现状、问题、酒店目前和未来的应对措施等内容，公告的信息应具体、准确。

（二）统一口径

统一信息传播的口径，对技术性、专业性较强的问题，在传播中应使用清晰、不产生歧义的语言，以避免出现猜忌和流言。

（三）设立 24 小时信息中心

设立 24 小时开通的酒店危机处理信息中心，随时接受媒体和有关公众的访问。

（四）选择发言人

当酒店危机爆发后，很多新闻单位会派记者采访，他们提出的各种问题以及酒店发言人的回答被转换成技术性语言传播出去，这将对酒店的形象造成重大影响，因此酒店要慎重选择发言人。正式发言人一般可以安排总经理等主要负责人担任，因为他们能够准确地回答有关酒店危机的各方面的情况，但是，如果危机涉及技术问题，那么就应当确定分管的负责人来回答技术问题，如果危机要涉及法律问题，那么，酒店的法律顾问就是最好的发言人，新闻发言人应遵循公平、坦诚、负责的原则，以低姿态、富有同情心和亲和力的态度来表示歉意，表明立场，说明公司的应对措施。对不清楚的问题，应主动表示会尽早提供答案，对无法提供的信息，应礼貌地表示无法告之并说明原因。

（五）邀请权威机构和新闻媒体参与调查和处理

为增强公众对酒店的信赖感，可邀请权威机构（如政府主管部门、质检部

门、公关公司等）和新闻媒体参与调查和处理酒店危机。

任务四　酒店危机解决

酒店的低迷持续的时间往往比危机事件本身长，存在"滞后"的现象，即在事件过后的一段时间中，危机造成的破坏还会在很长一段时间内持续影响潜在旅游者，酒店仍处于停滞状态，甚至比危机发生期间更加不景气。危机结束至酒店完全复苏这段时期称为"后危机"阶段。这一阶段要做的工作是恢复旅游者和酒店的信心，重振酒店；同时要对危机管理战略的效用进行评估，将危机管理战略更新、提高。

一、建立酒店危机管理恢复机制

危机管理大致包括危机预警、识别危机、管理危机和危机后处理四个阶段。因此，危机救治阶段的结束，并不意味着危机管理的结束，而是进入了一个新的阶段，即危机后处理阶段，也就是通常所说的危机恢复阶段。危机造成的破坏具有长期性，会在很长一段时间内持续影响酒店在潜在旅游者心目中的形象。因此危机过后酒店形象的重建和旅游者信心的恢复就显得尤为重要。酒店在危机过后的解决方案中还要注意积极与各相关组织部门的沟通，如危机管理小组与新闻媒体的沟通，及时向外界透露酒店恢复的进展，发掘有积极意义的新闻；或者邀请业内的专家、新闻记者来本酒店熟悉之旅，以专家眼光和新闻者的敏锐度来提升信息沟通的安全可靠性。

酒店还应该在自己的网站和酒店所在旅游目的地的综合性网站上及时更新有关酒店危机过后的概况，并及时发布那些显示危机过后恢复正常的积极信息，并在显著位置注明发稿时间和地点，使酒店的消费者与潜在消费者能够第一时间了解酒店的近况，从而刺激他们的需求。寻求更广泛的行业支持，加入业内、区域内，甚至全球的沟通活动。酒店可以根据危机的大小，其危害影响的深浅来确定加入什么类型的沟通活动，以利于更好地恢复危机带来的影响和酒店重建安全形象的措施。

二、建立酒店危机管理评估机制

酒店危机管理评估机制要求酒店在危机之后对危机发生原因、危机应对措施及危机管理的效果进行分析评估，对危机管理包括与预警系统的组织和工作程序、危机处理计划、危机决策等各方面进行系统、全面地评价，详细地列出危机管理工作中存在的各种问题，综合归类，总结经验教训，改进工作，分别提出修正措施，改进企业的经营管理工作，最大限度地减少类似酒店危机事件的发生，为以后的酒店危机管理提供现实可行的依据，并以此教育员工，警示同行。

【小结】

当今世界不可预料的因素太多，一场场灾难不期而遇，每一场灾难都带给一个国家甚至全人类沉重的打击。在这个危机的年代，没有企业可以对危机免疫，包括酒店。通过本项目的学习，在理解危机、危机管理、酒店危机及酒店危机管理等概念的基础上，了解酒店危机和酒店危机管理的基本情况，以掌握酒店危机管理的基本内容与程序。

【实训练习】

广西桂林 LZ 酒店是一个全国连锁的酒店，以泉水加秘方烹饪鸡鸭和桂林家常菜为特色。由于顺应绿色消费潮流、味道鲜美以及定位中低档消费而颇受顾客欢迎。

某年 7 月 11 日，LZ 酒店在广西南宁的一个分店遭到消费者投诉。一个消费者来到该分店，说昨天他们一行 8 人在此店吃饭，6 人发生腹泻。到医院看病，医生说是食物中毒，并开了药。消费者要求该分店赔偿昨天的餐费，否则给予曝光。当时，主持工作的是分店经理助理，他说食品卫生绝对没有问题，要来人自己出具证明。消费者对这种处理不满，于是投诉到《南宁日报》。记者从南宁打电话到桂林 LZ 酒店总部，说如果再不妥善处理，将予以曝光。总经理接到电话，意识到曝光对于一个连锁店的严重性，当即告诉记者第二天到达南宁市亲自处理。记者同意在没有与总经理面谈之前不报道。但是第二天由于有教授来公司讲学，酒店总经理没有去南宁市。第三天，《南宁日报》即以醒目标题报道了此事件，也就是在同一天，总经理派助理去了南宁市，向受害者表示赔礼道歉并赔偿了损失费。《南宁日报》决定跟踪报道桂林 LZ 的处理结果。

但是，LZ 酒店总经理认为记者言而无信，报道失实，给公司造成名誉损失，使得公司赔了夫人又折兵，要起诉该记者。当时日报社给予桂林 LZ 的答复是：

第一，如果起诉，酒店会胜诉，但是对于记者本人不会有大的损失。

第二，如果不起诉，《南宁日报》答应免费连续报道一下桂林 LZ 公司的正面消息。

第三，天涯社区 BBS 已有议论。

资料来源：博瑞管理在线（www. boraid. com）培训频道》岗位技能培训》传媒公关》王微：中国式危机管理之酒店危机管理（课程编号：100125768）。

如果您是该酒店的管理层？您将如何处理？主要列出四个措施。

【思考题】

1. 酒店危机与酒店危机管理的区别与联系是什么？
2. 酒店危机管理的程序都有什么？

项目二 实践篇之外部因素

【主要内容】

本项目主要涉及国内外经济形势恶化、恐怖袭击、流行病灾害、自然灾害等对中国酒店管理的影响以及相应采取的措施。

【学习目标】

1. 了解国内外经济形势恶化、恐怖袭击、流行病灾害、自然灾害对酒店管理的影响；
2. 掌握危机发生后所采取的有效措施。

模块五 国内外经济形势恶化危机管理

【能力培养】

1. 了解国内外经济形势恶化对酒店管理的影响；
2. 认真分析酒店在面临危机时所采取的措施。

现阶段我国正处于经济转轨和社会转型的过程中，政治与经济改革已进入社会结构的全面分化时期。在这样的变革过程中利益和权力在不同主体之间进行重新分配、转移，形成诸多不稳定因素，存在着不同危机爆发的可能。

任务一 案例分析——美国次贷危机

2008年9月爆发的美国次贷危机宛如一场大流感迅速波及全球金融业。这场金融流感病毒持续蔓延，逐渐侵入很多国家的实体经济，全球股市、楼市、汇市持续低迷，随着时间推移已逐步影响到实体经济，导致全球经济增长放缓。作为中国对外开放最前沿的行业，中国旅游行业也因此蒙上了一层阴影：入境游客数量出现衰退，出境市场告别了前几年的火爆场面，曾经在股市中一直被当做黑马的中青旅、携程等旅游股股价也在比着下跌……

资料来源：《次贷危机肆虐全球　中国旅游酒店业苦熬寒冬》，搜狐旅游，2008年11月7日16：01

根据德勤发布的调查，随着全球经济危机的影响蔓延至整个亚太地区，不论是休闲旅游还是商务旅行，出行的人们都开始捂紧腰包，休闲旅游和商务客人的减少，使得酒店经营者在过去的几个月已明显感受到了行业的危机。

酒店业作为中国对外开放最前沿的行业之一，受到的影响程度和时间是不能低估的。在经济全球化的大背景下，我国酒店业也同样很难全身而退。在中国，"危机"就是"危"与"机"并存，危险促使企业增强生存力，机遇为行业加快发展提供了绝好的机会。因此，酒店业如何接受金融危机的考验，从金融危机中寻找自己的发展道路，成为我国酒店业经营管理者亟待解决的重大问题。

任务二　国内外经济形势对酒店管理的影响

2008年11月13日联合国世界旅游组织发布的全球旅游业景气报告称，国际旅游业自2008年6月份开始增速明显放缓，其中亚太地区更是从3月份就出现下滑，8月份甚至出现负增长。2008年金融危机造成世界范围内的实体经济下滑，旅游消费大幅减少。

由于宏观经济发生剧烈波动，形成经济衰退乃至危机，会对旅游需求产生巨大冲击，这类危机主要是因为经济增长停滞或下降，导致人们实际收入减少，从而影响旅游需求；汇率变动导致国际旅游成本变化，从而加大部分国家和地区的旅游成本，进而减弱其旅游消费能力，某国的货币贬值，出境旅游将大大降低。为了防止外汇流失，客源国也会采取多种措施限制国民出国旅游。经济危机可能引发目的地国家价格发生剧烈波动，也会导致旅游实际购买力下降，从而打击旅游业。这类危机对旅游业的冲击尽管后果严重，但往往是渐进式，主要表现为经济萧条导致收入下降和旅游成本上升，打击旅游市场消费信心，削弱旅游消费能力，但也可能促进替代性旅游消费。经济危机具有很强的传染性，它对旅游业的影响可能会超越地域甚至国界。

一、酒店出租率降低

我国的入境旅游继续下滑。北京酒店业2009年全年接待住宿人数下降5.4%，其中国内客人下降1.4%，入境客人下降18.7%。星级酒店的收入同比增长13.1%，平均房价有所上升，但出租率有所下降。2009年1~2月北京的星级酒店接待情况也不容乐观。全市星级酒店1~2月接待的客人同比下降3.8%，但其中国内客人有1.1%的上升，入境客人下降28.2%。1~2月全市星级酒店营业收入平均下降10.6%；房价平均下降11.7%（423.6元）；出租率下降8.6%（39.5%）；其中五星级酒店出租率平均下降14.2%（38.4%）。

二、价格优势受到削弱

人民币兑美元、欧元、日元、港元等货币呈现不断升值态势。尽管我国的金融体系所受影响相对较小，但人民币对美元及其他货币的持续升值，将削弱我国入境旅游长期以来所保持的价格优势。

三、企业融资趋于困难

在消费方面，此次金融危机将给我国入境旅游带来一定的负面影响。具体到不同的行业和市场，其影响程度可能有所不同：就行业而言，酒店业受到的影响更大一些；就分层而言，定位于中、高端市场的酒店业所受影响更大，而低端市场影响相对较小。在投资方面，将导致大型旅游项目的融资更加困难。

任务三　应对措施

金融危机之所以会对我国经济产生冲击，说明我国经济发展模式本身也存在不合理之处，如过度依赖国外消费，我国经济的发展最终还应拉动内需，这对星级酒店也有一定的启示：随着我国旅游业的发展，从长远来看，星级酒店更应关注国内旅游市场的需求；另外，由于金融危机的影响还在继续并且具有一定的滞后性，此次金融危机造成的影响可能要持续几年的时间。因此，星级酒店要从长远考虑，从客源市场结构、星级酒店的产品结构、等级结构、空间结构、星级酒店的经营战略及经营理念等方面进行调整，以适应未来发展的需要。

通过对星级酒店经营效果的分析，此次金融危机中，高星级酒店受到的影响程度最大，也最直接，这主要是受高星级酒店客源市场结构的影响，即境外客源和商务客人的比重较大。国际金融危机对中国酒店业的发展是一把双刃剑，既带来"危"，也带来"机"。我国酒店业的发展机遇与挑战并存，机会与威胁同在。必须因时、因地制宜，采取切实的应对策略。

一、调整客源结构，开拓新型市场

在金融危机中，直接受到影响的是入境客源市场，国内旅游市场的变化不是太大。因此，对于我国的星级酒店尤其是高星级酒店来说，调整客源市场结构十分必要。受经济衰退的影响，商务客人可能会降低星级的标准或者是客房的等级，由于激烈的竞争，高星级酒店不得不关注市场的变化，调整市场定位及产品类型，充分挖掘自身特色，突出主题，使市场细分化、产品多元化，以开拓国内市场，提升竞争力。

酒店危机管理

目前，我国高端酒店以满足大部分国外商务客人的需求为主，中低端酒店更多以满足国内客人的需求为主。随着经济等因素的改变，国内商务客人对酒店的消费能力正在逐渐增大，甚至有成为市场消费主力的趋势。面对金融危机，高端酒店表现得更为敏感，国内高端酒店应当瞄准内需市场，调整客源结构，以同时适应国内外两个市场。此外，在适应和占领现有市场的基础上，还要勇于开拓新的市场。酒店可以从一线城市向二三线城市推进，还可以关注会展和婚宴经济，积极创建各种主题酒店。如宁波通过举办服装展、文具展、车博会、家博会、汽配会等活动，使其豪华酒店和经济型酒店都保持了高比例的出租率和良好的平均房价。

二、细分目标市场，找准市场定位

作为微利行业，酒店以降价来应对金融危机并非明智之举。专一市场抵御金融危机的风险太大，抵御能力也较弱，进一步细分目标市场成为酒店业占领市场的关键。酒店应根据酒店在产品、市场、区位、功能等方面的不同，逐步细分为经济型酒店、绿色酒店、产权酒店、商务酒店、会议酒店、度假酒店、社区酒店、主题酒店等酒店市场，以满足目标市场的特质需求。酒店要充分认识自身比较优势和顾客需求，进一步细分市场，找准市场定位，努力为顾客提供人无我有、人有我优、人优我特的精细的产品和服务，增强自身的市场竞争力，实现酒店的可持续发展。比如高档酒店不仅要求酒店用品的质量好，而且对其美感度、舒适度都有较高的要求，经济型酒店则更追求酒店用品的实用性和性价比，精品酒店则比较注重酒店用品设计的奇特性和精致性。在这方面做得比较好的如汉庭酒店集团，该集团从消费档次方面来定位细分市场，分别针对低、中、高端客户群建立了经济型酒店品牌，其中低端品牌"汉庭客栈"定位于年轻白领和学生，价格100元左右；"汉庭快捷"是汉庭数量最多、分布最广的酒店，平均房价200元左右；汉庭酒店是最高端品牌。有的酒店定位于个性化顾客群，走个性化道路。如希尔顿、万豪等酒店为了满足音乐爱好者的需求率先引入音乐服务，采用美国著名音箱品牌JBL专为酒店设计的多款音箱产品，使得酒店与音乐完美结合，赢得了很多顾客的喜爱和支持。

由于受到金融危机的影响，入境旅游人数减少，我们更应该扩大国内客源市场。一方面，要调整近两三年促销的重点市场，加强对中东、亚洲、非洲市场的开拓性促销，对欧美国家则要观察研究其世态变化，及时掌握发展动向和趋势，同时积极保持良好的关系，适当推出价廉物美的短线产品。另一方面，要挖掘现有重点市场的潜力。中国港澳台市场是我国旅游业目前的主要市场，尤其是台湾市场，随着祖国两岸交流的推进，两岸游客数量将会有显著增加。

三、优化星级酒店结构

由于我国酒店业开放程度高、与国际接轨早，大量外资的进入使酒店业一直存在着激烈的竞争，而近年来外资进入由单一的高星级酒店呈现出多层次投资的趋势，无疑加剧了酒店业的竞争。另外，我国酒店业一直呈现两头大中间小的结构不合理状况，星级酒店空间分布高度集中的特征在高星级酒店空间分布上更加明显，豪华的高星级酒店在一些城市甚至出现供过于求的现象，酒店等级结构和地域结构的不合理是行业无序竞争的重要原因，在金融危机的背景下，市场需求的减少加剧了行业的竞争，给一些酒店的生存带来压力。因此，应优化酒店结构，相关管理部门与行业组织应对新建酒店进行监管与引导，避免盲目投资。

四、采用多种经营，加强酒店合作

此次金融危机对高星级酒店产生了很大的冲击，很多高端市场及商务客人降低了消费标准，转而选择星级较低的酒店或档次较低的酒店客房，所以，从另一个角度来看，对低星级酒店来说这是一次机会。低星级酒店应利用机会，开拓市场，提高自身的服务质量。但金融危机的影响在不断深化，随着对实体经济影响的加深，金融危机的持续时间将可能更长，在市场不景气的情况下，实力较弱的酒店将面临生存的压力。因此，低星级酒店应注意加强彼此合作，资源共享，共同应对金融危机，以提高整体服务水平，发挥低成本优势，争取快速发展的机会。

由于自身特有的脆弱性和资产的专有性，酒店业在面对经营风险时，很难自由退出市场。应对金融危机，酒店业要充分利用现有资源，实行多元化经营战略，拓展自身发展空间，灵活运用各种租赁经营、收购兼并、委托管理、特许经营等方式化解危机，增强抵御风险的能力。像高档酒店拥有餐厅、游泳池、娱乐场所、SPA、户外花园等投资额巨大的设施设备，如果仅仅为客人提供优质服务，容易造成资源的浪费。高档酒店的餐厅环境优雅，服务体贴，具有一定的比较优势，一些酒店改变传统的"以酒店养酒店"的盈利模式，而是在大众餐饮、西点制作、花木栽培、物业管理、洗衣房、健身中心等多种领域展开多元化盈利模式。如高星级酒店：一方面保持高档品牌宴会市场；另一方面积极开拓中低档餐饮消费市场，采取筹划美食节、降低普通餐饮价格、开发经济实惠的菜肴、赠送消费券和积分卡、联动客房餐饮优惠等措施。那些中低档酒店则可以加强合作来应对危机，这种合作可以是酒店企业之间的战略合作，也可以是不同行业间的战略联盟，如2008年7月国内成立的首个低星级非连锁酒店的跨区域联盟——"星程酒店"就属于前者。

五、优化成本结构，树立环保理念

优化经营成本结构是一种经营理念，是一种适应酒店业激烈竞争的运作方式。一是大力拓展网上预订。二是提前预订，交纳定金。三是减低成本，适当减少酒店高管职数，降低不必要的人员开支，减少房间内不必要的陈设等等。

（一）降低人工成本

集中财力、人力和物力，专门经营盈利较高的核心产品——客房，将非核心的业务，如洗衣、餐饮、娱乐等资源加以整合，服务外包给社会上专业洗衣公司、餐馆和娱乐场所，引进掌握客房打扫、前台、餐饮端盘、摆台、斟酒、行政管理等多种技能的复合型人才，实行工作轮换制和弹性工作制，在降低人力成本的同时避免了优秀员工的流失。此外，雇用实习生也是一种好方法。深圳上海宾馆就是通过雇用实习生，从中挑选优秀者进行培训，成功进行人才储备和更替。

（二）降低能源成本

创建绿色酒店，坚持节能减排，走可持续发展之路将成为新世纪发展旅游酒店业的必然选择。大力倡导和利用节水节能技术，开辟新能源，减少耗品投入，物品循环利用，降低能源消耗。宣传环保理念，倡导绿色消费。如卫生间的洗浴液换成可添加的大瓶装；床上布置一客一换；空调一室一控，人走空调关，节省用电；水龙头的水流量控制，避免流量过大而造成无端浪费，则酒店企业可平均节电 15%，节水 10%。仅以国内现有的一万多家星级酒店为例，如果都创建绿色酒店可每年节约近 20 个杭州西湖的水量，节电相当于目前三峡水电站近一个月的发电量。

六、加强网络技术，创新销售模式

在全球金融危机的背景下，客源市场的变化以及相关行业的信息对于星级酒店的经营十分重要，因此，相关管理部门应完善旅游信息系统，及时为酒店提供相关信息，引导星级酒店业的发展；另外，为了帮助星级酒店应对金融危机，政府及相关行业组织应在行业政策、经营环境等方面给予一定的支持。

网络的普及，互联网技术的应用，改善了传统的酒店管理，给酒店业制造了新的竞争载体。通过网络宣传酒店形象，让客人更方便地了解酒店；通过开展网上预订，让客人更便捷地获得所需的服务；通过网上远程交流，酒店可以为客人提供更为人性化、个性化的服务。网络技术的应用，还可以大大提高酒店管理效率，降低运营成本。国外一些大酒店，已实现 50% 的客源网络预订，这种趋势还将进一步扩大。我国大部分的酒店没有独立网站，多数酒店的营销渠道依附于第三方中介网站，为了扩展客源，提高顾客满意度，酒店企业需要优化网站，挖掘网络资源，充分利用电子商务平台赢得竞争优势。例如 7 天连锁酒店将其"全球酒店业第一电子商务平台"与国内最大的分类信息网站 58.com 正式展开合作，打造出竞争对手无法逾越的优势，成为全球第一商务酒店网站，奠定了行业电子商务的领军地位。

综上所述，我国酒店业可以采取细分市场、开拓新型市场、优化成本机构、充分利用网络、采用多种经营形式等对策来应对全球金融危机的挑战，做到化"危"为"机"，获得更强更全面的发展。

模块六 恐怖袭击危机管理

【能力培养】

1. 了解恐怖袭击对酒店管理的影响；
2. 认真分析酒店在面临危机时所采取的措施。

任务一 案例分析

2001 年 9 月 11 日恐怖分子劫持的飞机撞击美国纽约世贸中心和华盛顿五角大楼（美国"9·11"事件）。2001 年 9 月 11 日，四架民航客机在美国的上空飞翔，然而这四架飞机却被劫机犯无声无息地劫持。当美国人刚刚准备开始一天的工作之时，纽约世贸中心，连续发生撞机事件，世贸中心的摩天大楼，轰然倒塌，化为一片废墟，造成了 3000 多人丧生。以民航业为代表，旅游业首当其冲受到巨大的打击。在事件之后，收入下降及失业现象不仅出现在旅游业也波及了整个美国经济。美国"9·11"恐怖袭击事件发生后，美国以国土安全为最高利益，采取了一系列严厉和极端措施，但这些做法同时也给旅游业提出了很大的难题。

资料来源：百度百科（www.baike.baidu.com/view/1029400.html）。

任务二 恐怖袭击对酒店管理的影响

恐怖主义活动在旅游危机中占有突出位置，形成原因多种多样，它将冲突以极端形式表现出来，一方面打击了旅游者的信心，同时也给旅游设施带来巨大的破坏。从恐怖袭击对象来看，有不针对旅游者的一般性恐怖活动，有将旅游者作为特别袭击对象的恐怖活动。从恐怖主义对待旅游业的态度看，分为将旅游者作为客源国象征的外向型恐怖主义和将旅游者作为目的地经济体系组成部分的内向型恐怖主义，前者对旅游业的冲击高于后者。这类事件通常比较剧烈，对社会、政治、经济的影响也比较极端。由于对基础设施造成严重破坏，对消费者信心造成全面打击，加之通常政府会发出警告告诫本国公民不要前往受战争和恐怖活动威胁的目的地，以及媒体对其夸大其词的报告都会在一定程度上损害旅游目的地的形象，而且这种持续的事件往往比恐怖事件持续的事件还要长，因此这类事件会造成游客尤其是入境游客的大幅下降，并难以在短期内迅速恢复。如"9·11"恐怖袭击事件使美国入境旅游人数当月（2001 年 9 月）比 2000 年 9 月下降32.6%，并在以后几个月内继续大幅下降。

学者王林认为，旅游者在决定是否出游时，会面临旅游决策风险，个体察觉到的风险过大，就会阻碍其出游行为。一些恐怖主义组织发动的恐怖袭击曾经严重影响了埃及、以色列、土耳其、俄罗斯等国的旅游业。原因主要包括恐怖主义活动直接威胁到旅游者的人身安全，如 2002 年 10 月 12 日印尼旅游胜地巴厘岛发生系列爆炸事件导致多个客源国当即取消 10 月下旬的巴厘岛行程。其次恐怖主义活动影响区域旅游客源的组织。2001 年的"9·11"事件发生后，土耳其当年 10 月的美国旅游者同比下降 9.54%。最后，恐怖袭击是恶意行为的一种形式，目的是破坏目标国家的社会、政治和经济体系。国际恐怖主义，尤其是针对旅游者的恐怖活动给世界旅游业造成了上百亿美元的损失，研究表明：一个国际旅游目的地国家的国内恐怖主义活动对其入境旅游有明显的负面影响，并且具有显著的时滞效应。

"9·11"事件在很大程度上影响了纽约经济发展的潜力，特别是对航空业、餐饮业、旅馆业、金融业等众多经济产业都是一个很大的打击。"9·11"事件在全世界引起了严重的信任危机，旅游业尤其遭受了沉重的打击。由于普遍的恐惧心理，乘飞机旅行人数在该事件发生后大幅减少，随之造成酒店业等其他相关行业客源减少，酒店客房出租率下降了。全球年旅游人数为 7 亿多人次，其中三分之一为美国和欧洲游客。"9·11"事件后，美国出国旅游人数的减少，是世界旅游业影响最大的因素。恐怖事件对旅游业的影响主要表现在以下几个方面。

一、旅游酒店设施的损毁

恐怖事件不仅会破坏旅游资源，而且会损毁当地的旅游服务设施，如交通、酒店、娱乐设施等。诚然，相对旅游资源来说，大多数旅游服务设施可以依靠重新投资来恢复。但是，有些设施本身就是旅游资源，其恢复过程不仅是漫长的，甚至无法恢复。

二、游客的旅游目的地改变

当发生恐怖事件时，游客为了寻求一个相对安全的地方，可能会改变他们的旅游目的地。同时，对恐怖事件大量的报道，尤其是一些夸大其词的报道会在一定程度上损害旅游目的地的形象，而且这种印象持续的时间往往比恐怖事件持续的时间还要长，从而影响人们对旅游目的地的选择。

三、酒店出租率下降

由于航空运输是长途旅行的主要方式，因此在对航空系统的安全保障失去信心之后，人们将尽可能地减少外出旅行，这对航空业是沉重的打击；同时，恐怖事件一旦发生，政府往往会关闭机场和港口，城市的地铁、桥梁、公共场所也会因此而暂停开放，使得人们无法出外旅行和经商，从而导致旅馆酒店客房出租率下降。

四、旅游消费需求的降低

恐怖事件会对消费者的出游信心带来影响。通过影响旅游者的情绪，使人们放弃或推迟旅行计划来降低旅游消费需求。同时，由于恐怖事件本身具有的不确定性特点，使得诸如旅游行程、旅游支出和旅游安全等的不确定性都在加大，因而造成旅游者的出游意愿减弱。从长期来看，对消费的减少会使经济失去需求的支持，从而产生衰退现象，对经济衰退以及失业的担心使旅游者面临收入减少和旅游支出加大的双重负担，继而造成旅游消费的总需求下降，其影响甚至会一直延续到恐怖事件结束之后一年或更长时间。

可见，恐怖事件一旦发生，对旅游业的冲击不仅是全方面而且将是长期性的，因此需要采取有效的反恐措施，降低旅游业在危机中的损失程度。

任务三　应对措施

突发性的恐怖事件在今后还将会不断地出现，人们普遍认为，建立一个有效的危机管理机制是应对恐怖袭击的良好选择。在这样一个大背景下，酒店通过建立事前预警、事中处理及事后善后的一整套制度构建了一个有效的危机应对机制。其中，基于诚实、透明基础上的良好的沟通交流是成功管理的关键所在。

一、危机发生之前：做好应急措施

危机就好比是一种病毒，具有突发性、隐蔽性和致命性，极其危险。一旦爆发，危害会迅速蔓延到酒店行业，使受损面进一步扩大。因此对危机要引起足够的重视，要做好预防措施以将消极影响降到最低。

建立信息交流与咨询系统。这既是危机管理的前提和基础，也贯穿于危机管理过程的始终。具体做法包括酒店做好危机管理计划、任命新闻发言人、成立专门的信息交流管理部门、同媒体保持定期联系、加强同当地媒体的联系等。

完善危机管理实施计划。包括建立酒店公共电子邮箱、传真和广播等信息发布系统，确保信息沟通的真实性和道德性；为紧急情况设立预算储备或设立旅游风险基金；避免旅游信息咨询争端，加强同游客的就安全事项的沟通（如紧急拨打电话、货币兑换率、应避免出行的目的地等）；并向游客提供食品安全建议等。

评估安全系统。包括与政府安全部门保持定期的工作联系；设计安全旅游路线（如到达的机场、地面交通、酒店、购物中心、景区景点等）；发布国家旅游安全注意事项；对当地居民进行安全教育；成立旅游紧急呼叫中心等。

建立危机监测与交流系统。这方面的具体内容应包括建立与相关行业的联系网络；监控专门针对游客的犯罪行为等。

二、危机发生过程中：降低损失

当危机不可避免地爆发之后，酒店在第一时间内收集信息，对危机特点和受损情况进行分析，继而迅速采取措施，将损失控制在最低限度以内。在这一过程中，基于诚实、透明基础上的良好沟通、交流是采取各项措施的前提条件，也是保持社会秩序稳定及恢复游客信心的保证。

确保信息交流的畅通与公开。酒店不要进行信息管制，应保证信息的真实、透明，通过信息中心将一线信息及时公开，避免信息失真和误导；关注受害者，积极提供援助；对危机进行综合分析；建立同媒体的互信与合作，利用媒体制造积极影响，并随时将信息公布于互联网上。

强化安全服务措施。酒店设立联系热线，及时掌握并反馈各种信息；保持同相关行业组织的直接联系；同安全服务组织合作，监测改进安全措施；加强内部沟通。

制定快速恢复策略。酒店寻找机会增加预算及财政支持；进行游客调查，了解受损影响；监视媒体报道，发布情况好转信息。

三、危机发生之后：恢复游客信心

当媒体对酒店危机的关注迅速转移到其他新鲜事件时，危机对游客的影响还会在相当长的一段时间里存在。恢复游客的信心是恢复旅游需求的关键。

重塑健康形象。酒店保持与媒体积极的联系，发布积极信息；开展多种形式的促销活动，如利用周年庆典宣传、利用网络积极传播有利信息并参加全球性旅游交流活动等。

采取灵活策略恢复市场。酒店开发新的细分市场；将目标市场集中于忠实顾客和特殊兴趣的旅游者；制定特别优惠价格，开发新的旅游路线；深度挖掘国内旅游市场；加强同公共及私营旅游部门的合作。

评估未来安全问题。这就要求酒店进行安全程序评价、推进服务质量与服务设施的改进。

模块七　自然灾害危机管理

【能力培养】

1. 了解自然灾害对酒店管理的影响；
2. 认真分析酒店在面临危机时所采取的措施。

任务一　案例分析

2004年12月26日早上8点刚过，印度洋突然发生里氏9.0级强烈地震并引发海啸，海啸带着10米高的巨浪以每小时800千米的速度冲向周围的海滩和岛屿，它用无坚不摧的惊人力量席卷了印尼、泰国、斯里兰卡等诸多印度洋沿岸国家。靠近海岸线的海滨城市瞬间便成为一片废墟，大量海滩上、村镇中、街市上来不及逃生的人被大浪卷走。

这场突如其来的灾难给印尼、斯里兰卡、泰国、印度，马尔代夫等国造成巨大的人员伤亡和财产损失。到2005年1月10日的统计数据显示，印度洋大地震和海啸已经造成15.6万人死亡，这可能是世界近200多年来死伤最惨重的海啸灾难。

自然灾害主要包括洪水、飓风、海啸、地震、火山爆发等事件，其发生会严重破坏基础设施，给旅游者的人身安全造成极大的隐患，从而影响旅游业的健康发展，对其造成巨大冲击，另外，自然灾害的破坏性极为巨大，除了能够引发旅游业即时的危机，还给灾难后的恢复重建工作设置了重重障碍。如2008年5月12日四川汶川8.0级地震，对四川旅游业的发展造成前所未有的破坏，由于旅游景点、旅游基础设施的损坏和市场信心受挫等原因，四川旅游业瞬间跌入低谷，据四川省旅游局统计数据，入境旅游人数急速下降，不到同期的1/5；国内旅游人数大幅下降60%以上；旅游业直接损失共计465.92亿元，间接损失约为2500亿元，给旅游业发展带来巨大灾难。

资料来源：百度百科（www. baike. baidu. com/view/335566. html）。

任务二 自然灾害对酒店管理的影响

近年来全球范围内不断出现的自然灾害事件（见表8-1），给当地旅游乃至全球旅游带来了不同程度的影响。其主要表现：一是对旅游生态环境的破坏。旅游景区的生态环境一般都比较脆弱，一经破坏，整个生态系统便会失去平衡，如汶川地震中，四川省4000多个旅游景区破坏了568个，累计损失达27840亿元，两处世界遗产地都江堰和青城山，大熊猫栖息地卧龙景区都受到严重损坏，使四川省旅游生态环境受到严重冲击。二是对旅游基础设施的破坏。旅游基础服务设施涵盖餐饮、住宿、交通、邮政、电力、医疗卫生机构等，覆盖面广、使用性强、关联性大，并且由于自然灾害的突发性和永久性、广泛性与区域性、频繁性与不确定性等特征，使灾害发生期间基础设施极易受到破坏，成为旅游发展的一大障碍。三是对旅游活动的破坏。自然灾害的发生往往使许多旅游项目无法正常进行，旅游活动被严重限制，如果重大灾害突发性很强，则会使旅游活动中途紧急停止，严重的要危机到游客生命，这时的善后、应急处置等措施极为复杂艰难，在经济、时间方面将产生巨大影响。四是对旅游者心理的冲击。人在自然面前是很渺小的，尤其是当自然灾害发生时，其内心深处的无助感、害怕感、不安全感会油然而生，而灾害后的生命财产损失也让人触目惊心，使其短时间内产生恐惧心理。如在汶川地震过后的调查活动中发现，"是否打乱了你近期赴四川旅游的计划"的选项45中，选择是的占到78.29%；"地震等自然灾害因素是否影响你出游四川的信心"选择是的占到56.92%，可见自然灾害对游客的心理影响是非常大的。

表8-1 　　　　　　近年来中外发生的重大灾害事件（郭剑英，2009）

灾害发生时间	灾害类型	发生地	波及范围	死亡人数
2004.12	海啸	印度洋	印度洋周边东南亚、南亚国家	23万
2005.10	地震	巴基斯坦	印度、阿富汗	7.3万
2005.8	飓风	美国南部沿海地区	美国	1800万
2007.11	风暴	孟加拉	孟加拉	4100万
2008.01	冰雪冻雨	中国南部地区	中国	较少
2008.05	地震	中国四川	中国众多省份	约9万

自然灾害具有成因、过程和后果等自然属性特征，使得人们在认识自然与人的主观能动性过程中，对预测此类危机积累了一定程度的相关知识。由于自然灾害的不可控制性，对旅游的冲击往往更多表现在基础设施和旅游接待设施的破坏

及旅游者和员工等人员伤亡上，对旅游需求和供给能力产生影响，但这种影响一般为临时性和短期性影响，容易得到人们的同情和社会的同情，在灾后通常可以获得社会救援、从而部分地弥补灾难的损失，恢复受损能力。这类灾害可通过研究灾害形成机制，建立早期预警系统，预测灾害发生的时间、地点和强度，从而减轻灾害的影响。自然灾害危机与旅游目的地的地理和生态环境密切相关，对基础设施的破坏影响巨大，所造成的旅游损失不会直接快速恢复，可能需要花几年的时间来重建，使其恢复到灾前的正常状态。

由于遭到自然灾害的袭击，大量酒店受到严重破坏，区内几乎所有的酒店预订都已经被取消。如海啸对印度著名的 Kovalam 度假区的酒店影响较大，预订取消，很多已经在海滨度假村登记入住的游客由于害怕灾难殃及自己，又马上搬到城市内的酒店住宿。主要景点的酒店因受到海啸的影响，出租率也急剧下降。

任务三　应对措施

一、促进旅游业的恢复

酒店业召开旅游恢复说明会，促进各大旅行社重启旅游，并积极推出许多有利于旅游企业和旅游者的配套政策。

二、积极做好灾后重建工作

重新建好受到严重破坏的酒店设施，许多灾区已清理完毕并重新开放，受灾景点的卫生情况已被世界卫生组织评估为合格，当地酒店设施恢复也十分迅速，酒店订房率也开始回升。

三、建立科学的预警机制

增强酒店业危机意识。逐步建立酒店的预警中心，逐步形成科学的预警机制。

四、增强酒店的危机应对能力

酒店的危机应对能力可以有效地补充政府危机管理方面存在的不足。加强对危机管理教育的作用认识，加强应对重大危机的培训实践，开展危机管理素质教育，增强社会应对能力是增强社会危机应对能力的根本措施。

五、加强国际合作和交流

如今，各国酒店业所面对的很多危机的起因与后果往往都具有国际性。很多灾难并不是某个国家或地区独有的,而是全人类共同面对的;对其进行有效控制也不仅是一个国家或地区的责任,而是关系到全人类共同的安全和利益。有效应对危机事件需要酒店之间的合作与国际组织的参与。

六、调整对经营策略

在自然灾害期间,酒店适时对旅游价格调整,如酒店下调旺季价格,通过优惠价格吸引游客。为吸引国内外游客,酒店与其他机构合作推出促销活动,大力吸引游客。酒店开始推出一系列优惠措施吸引本地消费者光临,宣传重点由境外旅客转向本地居民。

【小结】

本项目通过对酒店危机外部因素的分析,使得大家了解和掌握酒店的国内外经济形势恶化危机管理、恐怖袭击危机管理、流行病灾害危机管理、自然灾害危机管理等。

【实训练习】

可口可乐的危机事件

1999 年 6 月初,比利时和法国的一些中小学生饮用美国饮料可口可乐,发生了中毒。一周后,比利时政府颁布禁令,禁止本国销售可口可乐公司生产的各种品牌饮料。这对于已经拥有 113 年历史的可口可乐公司,遭受了历史上鲜见的重大危机。在现代传媒十分发达的今天,企业发生的危机可以在很短的时间内被迅速而广泛地传播,其负面影响可想而知。短时间内在全国甚至全球范围内都将引起社会和公众的极大关注。稍有不慎,即对企业形象和品牌信誉造成毁灭性的打击,其无形资产在顷刻之间贬值。这对企业的生存和发展,都是致命的伤害。

6 月 17 日,可口可乐公司首席执行官依维斯特专程从美国赶到比利时首都布鲁塞尔,在这里举行记者招待会。当日,会场上的每个座位都摆放着一瓶可口可乐。在回答记者的提问时,依维斯特这位两年前上任的首席执行官反复强调,可口可乐公司尽管出现了眼下的事件,但仍然是世界上一流的公司,它还要继续为消费者生产一流的饮料。但是,绝大多数记者没有饮用那瓶赠送与会人员的可乐。

后来的可口可乐公司的宣传攻势说明,记者招待会只是他们危机公关工作的一个序幕。记者招待会的第二天,也就是 6 月 18 日,依维斯特便在比利时的各家报纸上出现——由他签名的致消费者的公开信中,仔细解释了事故的原因,信中还作出种种保证,并提出要向比利时每户家庭赠送一瓶可乐,以表示可口可乐公司的歉意。

与此同时,可口可乐公司宣布,将比利时国内同期上市的可乐全部收回,尽快宣布调查化验结果，说明事故的影响范围，并向消费者退赔。可口可乐公司还表示要为所有中毒的顾客报销医疗费用。可口可乐其他地区的主管，如中国公司也宣布其产品与比利时事件无关，市场销售正常，从而稳定了事故地区外的人心，控制了危机的蔓延。

此外，可口可乐公司还设立了专线电话，并在因特网上为比利时的消费者开设了专门网页，回答消费者提出的各种问题。比如，事故影响的范围有多大，如何鉴别新出厂的可乐和受污染的可乐，如何获得退赔等。整个事件的过程中，可口可乐公司都牢牢地把握住信息的发布源，防止危机信息的错误扩散，将企业品牌的损失降到最小的限度。

随着这一公关宣传的深入和扩展，可口可乐的形象开始逐步地恢复。不久，比利时的一些居民陆续收到了可口可乐的赠券，上面写着："我们非常高兴地通知您，可口可乐又回到了市场。"孩子们拿着可口可乐公司发给每个家庭的赠券，高兴地从商场里领回免费的可乐："我又可以喝可乐了"。商场里，也可以见到人们在一箱箱地购买可乐。中毒事件平息下来，可口可乐重新出现在比利时和法国商店的货架上。

从第一例事故发生到禁令的发布，仅 10 天时间，可口可乐公司的股票价格下跌了 6%。据估计，可口可乐公司共收回了 14 亿瓶可乐，中毒事件造成的直接经济损失高达 6000 多万美元。比利时的一家报纸评价说，可口可乐虽然为此付出了代价，却赢得了消费者的信任。

资料来源：葛玮：《企业如何应对灭顶之灾——从可口可乐中毒事件看危机公关》，《科技智囊》，1999 年第 10 期。

【思考讨论题】

虽然可口可乐公司处理危机的有力措施，控制了危机的继续蔓延，挽回了在消费者心目中的形象，但是可口可乐公司在处理整个危机过程中仍存在着很多失误，你认为失误主要有哪些呢？

【思考题】

1. 你认为酒店的危机管理还有哪些可以改进的地方？
2. 危机后最需要酒店做什么？

项目三 实践篇之内部因素

【主要内容】

本项目主要涉及消防安全、治安事故、卫生安全事故、酒店服务过失、酒店安全隐患以及酒店服务质量等对中国酒店管理的影响和相应采取的措施。

【学习目标】

1. 了解消防安全、治安事故、卫生安全事故、酒店服务过失、酒店安全隐患以及酒店服务质量等对酒店管理的影响;

2. 掌握危机发生后所采取的有效措施。

模块八 消防安全危机管理

【能力培养】

1. 通过对酒店消防事故及相关损失的个案分析,让学生了解消防安全的重要性,培养消防安全意识;

2. 总结酒店各种消防事故发生的原因,增强学生在酒店工作中应注意的消防安全预防重点;

3. 让学生针对消防事故能设计出各种应急预案,包括事前预防、事中应对、善后处理等;

4. 介绍在消防事故中如何利用各种有利条件逃生,提高学生的消防安全素质和自防自救能力,尽可能地降低或减少伤亡程度。

任务一 案例分析——广东汕头华南宾馆"6·10"特别重大火灾

一、案情介绍

广东省 1994 年以来最严重的群死群伤事故和 2005 年国内最大的一起火灾事故。

2005 年 6 月 10 日 12 时 15 分,潮南区消防中队接到一途经华南宾馆的路人报警,说华南宾馆着火,该消防中队立即赶赴现场进行扑救,汕头市 119 指挥中心随后又调集23辆消防车、100多名消防队员前往增援。

潮南区消防中队到达现场时，熊熊的大火夹杂着滚滚浓烟，华南宾馆整幢楼都笼罩在浓浓的黑烟之中。首先出动的潮南区消防中队既没有云梯车，也没有配备救生垫，更为严重的是有些窗户还被宾馆用防盗网固定死了，最终导致12名消防官兵因吸入大量的浓烟中毒送往医院抢救治疗。

6月10日下午2时35分，大火在消防官兵和周围群众的共同努力之下终于被扑灭，消防指战员冒着生命危险，救出了67名被困人员，其中5人经抢救无效死亡。而此时，宾馆的承包者、经营者逃离现场，服务人员自顾不暇，竞相四散逃命。

在对火灾现场进行清理之后，过火总面积2800m²，43间房间遭火焚毁，31人在火灾中丧生，其中30人为女性，最小的年仅17岁，25人分别被熏死在卫生间、房间，还有一人是在被窝中被浓烟熏死；28人受伤，其中4人重伤，受伤住院的人员几乎全部都是从楼上直接跳下导致的颅脑损伤和骨折。

国务院华南宾馆"6·10"特别重大火灾事故调查组通过相关调查和取证，最后认定火灾的直接原因是华南宾馆2层南区金陵包厢门前吊顶上部电线短路故障引燃周围可燃物，起火时间是6月10日11时40分许。

资料来源：《广东省汕头市华南宾馆"6·10"特大火灾》，安全管理网（www.safehoo.com/Case/Case/Blaze/200912/35612.shtml）。

二、案例分析

（一）造成此次特别重大火灾事故的原因

1. 华南宾馆擅自改变使用性质，未通过消防部门审核验收此违法经营

华南宾馆属于私营企业，该楼为钢筋混凝土框架结构，建筑面积7996m²，共有4层。该楼始建于1994年1月，同年9月竣工，原建筑功能为办公商务用房，业主擅自将其改为宾馆。首层改为大堂餐厅、棋牌室和理疗中心，2楼为餐厅包厢与卡拉OK合用房，3、4楼为客房，共有64间。同年11月15日，华南宾馆正式开业。并先后取得《营业许可证》、《特种行业经营许可证》、《文化经营许可证》等。

华南宾馆位于华南商业广场的中央，建筑间距不足，四周道路狭窄；内部为"回"形结构。由于楼内可燃物多，其通道狭窄且弯曲，安全出口不足，建筑消防设施欠缺，大量使用可燃材料装修，营业10年间未经消防设计审核验收经消防部门审核验收。汕头消防部门先后5次下达停业、限期整改行政处罚通知书，但华南宾馆却屡查不改，停业整顿期间仍继续营业，从而为此次特别重大火灾事故埋下了祸根。

2. 监管严重失位

对监管部门而言，消防安全责任制度不落实、消防管理不到位、人员密集型场所消防安全专项治理工作抓得不实等问题。

华南宾馆"6·10"特别重大火灾，与其说是因电线短路引发的意外事故，不如说是地方相关监督监管部门的监管不到位。

3. 报警迟缓，延误时机

这次火灾发生的时间大约是在中午11点40分钟，但消防部门接到报警时却是在12点15分，这个时候火灾已经发生了半个小时了。贻误了灭火和救人的最佳时机。

> 当发现2楼有浓烟冒出来，宾馆员工马上就准备报警，但宾馆经营者之一林坚龙却说问题不大，不用报警免得酒店的生意受到影响。林坚龙随后切断了宾馆的电力，并指挥人员前去救火，此时的2楼走道里，已经开始有烟雾蔓延。直到2楼开始燃起明火，林坚龙仍然没有想到要去疏散3、4楼住宿的客人，以及在楼上租住的宾馆陪唱服务员。而包括华南宾馆陪唱的女服务员在内，该酒店共有员工100多人，除已在上班的部分员工外，剩下几十名女员工和前晚在宾馆开房的住客，几乎都还在睡觉。
>
> 直到大火开始蔓延了楼道安装的消防警铃只按不响，宾馆里的人员自顾不暇，竞相四散逃命，林坚龙也不见了踪影，最先报警的是路过华南宾馆的群众。

4. 宾馆从业人员消防素质极差

火灾发生后，宾馆人员不但没报警，也没有及时组织人员疏散，在火势逐渐猛烈之时，就在消防人员和周围群众积极灭火救人的时候，华南宾馆的几个主要负责人自己却逃离了现场，宾馆服务人员也自顾逃命，导致三四楼的住客不知情况，不能及时逃生。

5. 火灾现场消防设施不足，缺乏消防水源

消防队到达现场后，火势已处于猛烈燃烧阶段。而在宾馆周围找到的两个消防栓里的水很少，水压很低，难以满足救火的需要。后主要依靠消防车接力运水，并通过暂时中断整个潮南区供水，将水力全部集中到火灾现场，才保证了正常水压，延误了不少灭火时间。

6. 员工和客人缺乏基本的消防常识和逃生技能

在以往火灾中比较多见的烧伤病人在这一次火灾中，却没有见到，估计此次不是以明火为主，而以浓烟为主。据医生介绍，在火灾中被送来的受伤人员中绝大多数是由于从高处坠落后摔伤的，大部分受不了浓烟，选择了直接从高楼窗户往下跳；同时在清理火灾现场时，遇难者中的绝大部分人是被浓烟呛死、熏死在房间的，这正说明大部分人缺乏基本的消防常识和逃生技能，不会充分利用现有条件进行自救。

> 一名曾进入现场进行清查的工作人员介绍：大火被扑灭后，我们在清查现场时，发现一个房间门是紧闭的，打开一看，房间的窗户也是紧闭的。但地上却横七竖八地躺着很多女孩，她们都被房间里的烟雾熏死了。这次火灾中，我们共发现25人分别被熏死在卫生间、房间，还有一人是在被窝中被浓烟熏死。

（二）宾馆及其相关责任人的法律责任

在该案中，经过国务院华南宾馆"6·10"特别重大火灾事故调查组通过提取火灾现场的遗留物，送往沈阳消防科研所进行鉴定分析，并对火灾现场认真清理和反复勘察，以及对有关人员的调查询问，最后认定火灾的直接原因是华南宾馆2层南区金陵包厢门前吊顶上部电线短路故障引燃周围可燃物，引发了此次特别重大火灾事故。

根据国家有关的规定，失火造成人员损害的民事赔偿责任应该由事故责任主体负责，火灾原因的认定也为责任划分提供了依据，现在事故原因已经查明，赔偿责任应由华南宾馆有限公司负责，宾馆对此次火灾承担全部法律责任，其中包括相应的行政责任，对遇难者近亲属、伤残人员的民事赔偿责任以及相关责任人对此应承担的相应刑事责任。

> "6·10"特别重大火灾事故发生后，专案组民警先后转战上海、深圳、广州、普宁等地，行程上万公里，在各地警方的大力协助下，7名涉案人员已全部缉拿归案。在呈请人民检察院批准后，以涉嫌消防事故责任罪，对陈炎生、林立洲、林坚龙、林坚洲4人施行逮捕，以涉嫌窝藏罪对江跃雄、周昭豪、陈乐乐3人施行逮捕，后经审判，分别被判处刑罚。

任务二　酒店火灾的原因

随着城市的发展变化，消防隐患、火灾类型也在随之变换面孔，但火因还是老话题，火灾并未远离我们，在城市防火条件日渐改善和消防战斗力不断增强的今天，作为人员密集的场所之一——现代酒店，其功能越来越完善，集客房、公寓、餐饮、购物、夜总会、会议中心于一体，同时对建筑及附属设施的要求高，追求舒适、豪华以满足宾客需要，使火灾的潜在危险性增大。酒店火灾具有发生率高、火势蔓延快、扑救难度大、疏散困难、损失惨重等特点。做好酒店的消防管理工作是酒店和宾客安全的重要保证。

我们通过各种各样的案例，归纳总结出酒店火灾的原因如下：

酒店危机管理

一、酒店普遍使用大量易燃、可燃材料进行装饰、装修或使用

现代化的酒店日益增多。这些场所一般集餐厅、咖啡厅、歌舞厅、展览厅、会堂、客房、商场、办公室和库房、洗衣房、锅炉房、停车场等辅助用房为一体，具有多功能、综合性的特点。虽然大多采用钢筋混凝土结构或钢结构，但内部的装修装饰偏重于追求环境优雅、品位高档、气派豪华、温馨舒适，采用大量的可燃、易燃的装饰材料，以彰显温馨、品位、豪华。如部分酒店房间内墙壁采用壁纸贴墙、可燃塑料贴壁薄膜、木制装修门窗等以及纤维类材料；天花板、木制地板、隔墙空心板被广泛使用；酒店客房内的各种家具、地毯、棉织品等质地大多为木材、棉毛和化纤等可燃物制作的，极易被引燃和发生剧烈燃烧。

可燃物品种类多数量大，增加了内部的火灾载荷，可燃材料也较多。可燃物多，不仅给酒店增加了火灾的威胁，而且由于这些可燃物在燃烧时产生大量的烟雾和有毒气体，给疏散和扑救带来困难，严重危及人身安全。

据美国对 393 次建筑火灾中死亡的 1464 人的原因进行统计分析，其中因烟雾和有毒气体造成的窒息和死亡，占火灾死亡原因的第一位，达 72.5%。

二、电气设备使用和管理混乱

（一）违规改线，使用不符合消防安全的电气设施设备

宾馆、酒店基本处于全天 24 小时营业状态，用电量相当大，对电气设施设备的管理就尤为重要，而现有很多酒店等场所大多数是原有建筑改造而成，在建筑设计、施工、装潢过程中违规私搭乱接，仅考虑实用，对电气的设计、施工未按规范要求操作，甚至使用伪劣电气产品，致使建筑遗留下大量电气火灾隐患。

> 1999 年 4 月 9 日，安徽省阜阳市百乐门大酒店因雨水渗入木质配电盘导致漏电短路引起火灾，造成直接经济损失 67 万余元；2001 年 5 月 17 日，安徽省宣城市明珠大酒店因二楼大厅东墙敷设的电线漏电引燃软包起火，造成 5 人死亡，13 人受伤。

资料来源：公木生、曹辉：《"百乐门"乐不起来了——安徽省阜阳市百乐门酒楼重大火灾事故纪实》，《安徽消防》1999 年第 6 期。

（二）经营者对场所电气情况不熟悉，消防安全意识淡薄

由于各种原因，有些场所多次易主，新的经营者对电气线路设备情况不熟悉，对原有电气线路设备的额定电流功率及性能不检测、不计算，私拉乱接造成线路和设备过载、老化、接触不良和三相电流不平衡，以及临时线路受外力损坏漏电打火成灾。

（三）电气设备管理使用不当

经调查，电气设备使用管理不当引起火灾占电气火灾相当大的比例，如电视

机、VCD 音响等设备长时期处于带电工作状态，通风条件差，容易发热漏电打火。电热器、大功率照明灯距可燃物较近都有可能造成电气火灾。

> 1998 年 1 月 3 日，吉林通化市东珠宾馆因使用电暖器不当引起火灾，24 人死亡，14 人受伤（属全国该年度十大火灾之一）。

资料来源：《恶性火灾案例——吉林省通化市东珠宾馆火灾》，绥化消防网（suh. hlfire. gov. cn/xiao-fang/oiqf/3265. html）。

（四）违章检修

由于场所人员复杂，素质也参差不齐，对电气设备管理使用不当。一旦出现故障，尤其是保险装置熔断后，不找原因，临时用铜丝等代替保险丝通电维持经营，久而久之，装头氧化受损，电阻增大，电线发热老化而引起火灾。

三、酒店内部消防设施设备不全或形同虚设

酒店等经营单位由于资金短缺或思想上防火意识薄弱等因素，随意消减消防设施的资金投入和业务开支，致使消防设施严重不足，消防设施年久失修而损坏，灭火器材得不到更新和补充，有些初起的火灾因此而得不到有效的扑救，终酿成重大火灾。

> 1991 年 5 月 28 日大连饭店的火灾，之所以没能控制，酿成重大火灾，造成人员重大伤亡，一个重要原因就在于该饭店消防设施不完善，防火措施不落实，没有安装自动报警设施，楼内未设事故照明、事故警铃、紧急广播和排烟系统。1995 年 5 月 31 日济南亚都大酒店火灾，酒店竟未设消火栓，消防队只得到一、二公里之外去取水，影响扑救。

资料来源：游素珍、游素华：《"大连饭店"和"湘潭市工贸大厦"的特大火灾教训》，《消防科学与技术》1992 年第 3 期。

《济南市亚都大酒店发生一起严重火灾》，《山东劳动》1995 年第 7 期。

有些酒店消防设施设备齐全，但平时无消防安全意识，安全门封闭，疏散通道堵塞的情况普遍存在，有些酒店甚至将安全门、疏散通道该为他用。一旦有火灾出现，受困人员拼死逃到安全门却因安全门无法打开，未能逃过火劫；而疏散通道堵塞时，极其容易出现严重拥挤，克拉玛依友谊宾馆特大火灾上百个死难学生就堆积在门口周围，其状令人惨不忍睹。

还有一些酒店房间和楼道里没有应急照明装置和疏散指示标志，有些酒店房间门后有疏散指示标志，但指示标志过于烦琐或指示不明，客人无法判断方向。

新疆克拉玛依友谊宾馆特大火灾

1994 年 12 月 8 日 16 时，克拉玛依市组织 15 所中、小学校的 15 个规范班及老师、家长等 796 人，在友谊馆进行文艺汇报演出。16 时 20 分因舞台上方的照明灯烤燃幕布蔓延成灾，人们正在向场外疏散时，场内突然断电。该馆的 8 个疏散门仅有 1 个开启。这起大火共烧死 325 人，烧伤 130 人，其中重伤 68 人。火灾直接经济损失约 100 万元。

火灾教训：一是安全门封闭，疏散通道堵塞，出现严重拥挤，上百个死难学生就堆积在门口周围，其状令人惨不忍睹。二是该馆火灾隐患较多，没有应急照明装置和疏散指示标志，室内消火栓被堵，1993 年和 1994 年曾两次发生灯具烤燃幕布的事故。

资料来源：王丹丹：《惨痛的教训——典型火灾案例分析》，中国消防在线（119. china. com. cn/）2007 – 12 –13。

四、消防安全意识缺乏，违规操作。

酒店经营的需要，电气设备众多，各种液化气、酒精等各种燃料大量使用，一旦操作不当，易引发火灾。

2003 年 2 月 3 日 17 时 58 分，哈尔滨天潭大酒店发生特大火灾事故，死亡 33 人，伤 10 人，直接财产损失 158393 元。后查明起火原因系该酒店工作人员在取暖煤油炉未熄火的状态下加注溶剂油，引起爆燃导致火灾。

资料来源：王丹丹：《惨痛的教训——典型火灾案例分析》，中国消防在线（119. china. com. cn/）2007 – 12 –13。

五、社会普遍缺乏防火常识

在众多的酒店经营者头脑中，效益是最重要的，轻视防火安全的现象还有不同程度的存在，有些还相当严重。有些酒店没有对从业人员认真开展消防安全宣传教育和培训，员工缺乏防火、灭火常识，致使符合规范标准的消防设施、设备没有充分发挥作用。服务员连起码的火灾报警和灭火器材使用常识都不懂，出现火情后自身都难保，根本谈不上救灾灭火。

而作为入住的客人普遍也缺乏防火常识，一旦有险情，要么待在原地等待消防人员救援；要么选择勇敢的方式直接跳楼；身边现有的可助逃生的工具不会利用，在对火灾统计的数据中，绝大多数遇难者和受伤的人中普遍缺乏防火常识。

2004 年 6 月 9 日北京京民大厦西配楼由于违规交叉施工引起的特大火灾共造成 11 人死亡、37 人受伤。除了在游泳池施工现场的人员逃生机会渺茫外，受困于三四层的所有人几乎都有机会、时间、条件安全逃离火场。

机会一：西配楼有逃生楼梯

西配楼有两个楼梯，一个位于楼体南端，是员工平时上下楼的通道，另一个位于楼的东北端，是一个消防通道。火灾发生后，受困四层的员工统统涌到南端楼道。想从这里逃离现场。但南端楼梯恰恰是游泳池浓烟弥漫的通道，众人只得纷纷退了回去。与南端楼梯截然不同，大火几乎没有殃及北侧的楼梯，从这里下楼不会有任何障碍。如果受困者向北跑，赶到逃生楼梯，那么即使是四五十人，也能在几分钟内从四层下到一层，跑到院子中，可事实是，没有一个人想到北侧的楼梯，看到南侧下不去，他们全都选择了退回房间。

机会二：南端楼梯有消防栓

南端楼梯是下层烟和火通向四层的唯一通道，虽然受困者曾经到达过这里，但他们没有注意到这里有一个消防栓。据消防队员讲，他们打开这个消防栓后，消防栓的水压极大。如果受困者利用这个消防栓和箱中的水枪喷射楼梯处的烟和火，他们完全有能力自己就把火灭掉，甚至可以从这个楼梯下楼，但情急之下，他们忘记了这个救命的设施。

机会三：楼梯间有防火门

对于受困者来说，即使退回到宿舍，也不是进入绝地，因为宿舍通往疏散楼梯间的门全部是防火门。在灾后勘测中，消防队员看到，只要是关了的防火门，向火的一面即使被烧得面目全非，但屋内的一面却没有损坏。如果被困人员把门关好，这个门可以很好隔离浓烟和高温，就为救援赢得了时间。但当时，大多数被困者在跑来跑去的过程中，没有关好防火门，任由浓烟进入房间中，很多人因此缺氧窒息。

机会四：宿舍有床单且楼层不高

在四层的十几间宿舍中，多的住着十几个人，少的也住着四五个人。这就是说，每个宿舍至少有四五条床单可以用来结绳，靠床单结绳完全可以到达一层。但大多数受困者干等救援，没有自救；少数使用床单结绳的人，结绳方法也不对，致使绳子中途断裂，坠地受伤。

机会五：屋内有暖壶和毛巾

在宿舍内，每个人都有毛巾，而且暖壶中装着水。即使暖壶没有水，在四层北侧就是男女洗手间，可以取到水。如果受困者能把毛巾打湿，放在口鼻上，就能缓解浓烟的呛害。但是在现场，只有很少的人采取了这种措施，大部分人就直接把口鼻暴露在烟中呼吸，导致呼吸道被灼伤。

资料来源： 《交叉作业引来无情大火——京民大厦火灾案例带给我们的警示》，搜狐滚动（roll. sohu. com/20120329/n339321619. shtml）。

种种迹象表明，在京民大厦西配楼的火灾中，受困者有相当多的机会和条件避险，事实却是，由于平时没有接受火灾逃生的知识培训和训练，受困者没有顺利跑出火场，受到了火灾的伤害①。

---

① 来源：2006 - 03 - 13，北京市应急指挥中心。

任务三 酒店火灾的预防

针对上述火灾的各种原因，酒店在预防火灾方面应综合考虑，从建筑物设计之初、到建筑物建成并经装修到酒店经营的全过程，均应严格执行相关国家消防安全规定，预防火灾发生。

一、在建筑设计、施工和装修方面严格按相关消防安全的规定执行

宾馆、酒店建筑内应按照有关建筑设计防火规范设置防烟楼梯间或封闭楼梯间，保证在发生火灾时疏散人员、物资和扑救火灾。

安全出口的数量，疏散走道的长度、宽度及疏散楼梯等疏散设置的设置，必须符合《建筑设计防火规范》或《高层民用建筑设计防火规范》等的规定。如根据每个防火分区的建筑面积和经常停留的人数设计一定数量的安全出口，使人们在紧急情况下能顺利地疏散出去。

严禁占用、阻塞疏散走道和疏散楼梯间；为确保防火分隔，楼梯间、前室的门应为一级防火应向疏散方向开启；楼梯间及疏散走道应设置应急照明灯具和疏散指示标志；为了便于在夜间或在烟气很大的情况下紧急疏散，在疏散走道和楼梯上均应设置应急照明灯和安全疏散标志。应急照明灯的重点部位是疏散出口的上顶部和疏散走道的两侧墙面上、楼梯口和走道转角处，其高度一般应在人的视线高度以下。

为了有效地预防火灾事故，宾馆、酒店这样的公共场所，同样需要在店堂、楼道、服务台等部位，放置一些手提式灭火器，以备扑救初期火灾。灭火器配置的数量和类型应符合规定的要求；灭火器的摆放位置要醒目，便于取用。

宾馆和酒店的每层楼每个房间墙面应挂安全疏散平面示意图；在通向出口方向处，应设有明显指示标记。

在内部装饰装修方面，选用材料要符合防火安全要求，严禁使用易燃可燃材料进行大面积装修。

在酒店的日常经营中严禁占用、阻塞疏散走道和疏散楼梯间。防火墙、防火分区、防烟分区等绝不允许在改建、扩建和内装修中遭到破坏，安全疏散通道和安全出口，不准擅自堆放物品、隔断和封死，确保在任何时候这些生命通道是畅通的。

二、规范电路设备的安装，加强电器设备的管理

随着科学技术的发展，宾馆、酒店设备的电气化、自动化日益普及，因电气设备管理使用不当，引起的火灾时有发生。宾馆、酒店的电气线路，一般都敷设

在吊顶和墙内，如发生漏电短路等电气故障，往往先在吊顶内起火，而后蔓延，并不易及时发觉，待发现时火已烧大，造成无可挽回的损失。因此，电器设备的安装、使用、维护必须做到：

（一）客房里的台灯、壁灯、落地灯和厨房机电设备的金属外壳，应有可靠的接地保护。床头柜内若有音响、灯光、电视等控制设备的，应做好防火隔热处理。

（二）照明灯具表面高温部位应当远离可燃物；碘钨灯、荧光灯、高压汞灯（包括日光灯镇流器），不应直接安装在可燃构件上；深罩灯、吸顶灯等如靠近可燃物安装时，应加垫不燃材料制作的隔热层；碘钨灯及功率大的白炽灯的灯头线应采用耐高温线穿套管保护；厨房等潮湿地方应采用防潮灯具。

（三）空调、制冷和加热设备等要加强维护检查，防止发生火灾。

三、定期维修保养建筑消防设施，保证正常运行

国家有关消防技术标准，对宾馆酒店的消防要求严格，通常应当设置火灾自动报警系统、消火栓系统、自动喷水灭火系统、防烟排烟系统等各类消防设施。这些设施在建筑工程竣工验收合格后，很重要的措施就是设专人操作维护，定期进行维修保养，对灭火器要进行日常检查，发现漏气、变形、筒体锈蚀严重的灭火器，应及时进行维修和更换。在万一发生火灾时，保证发挥应有的作用。

四、强化防火安全意识，健全各项制度，提高酒店员工内部的自防自救能力

酒店必须落实消防安全责任制，既要加强硬件设施的管理（配备充足的消防设施设备），也要加强软件管理（提高员工的消防安全意识），建立健全各项消防安全管理制度，依法履行自身消防安全管理职责，定期组织防火检查，消除火灾隐患，加强员工消防教育培训，制定并定期演练组织人员搞好模拟训练和灭火演练疏散预案，不断提高酒店内部的自防自救能力，一旦发生火灾能够迅速灭火，以减少不必要的损失。

作为酒店的员工，随时提醒客人注意防火安全，提倡安全服务用语，在物资仓库设醒目的防火标志。

任务四　酒店火灾的应急处理

一、事前预防

（一）制定酒店防火安全管理制度

防火安全检查要做到细致入微。比如用火问题，作业人员离岗时要察看一

遍，值班人员要随时检查。不但对员工有明确规定，对住宿的客人也要以须知或各种方式提醒，如客人躺在床上吸烟，乱扔烟蒂和燃着的火柴梗，服务人员应提示客人。同时对重点防火部位进行防火巡查。人走灯灭，并关闭所有用电设备。服务员发现有违规行为应及时制止，对醉酒吸烟的客人做重点监视。

要将防火安全宣传作为一项重要工作，尽力减少吸烟等原因所致的火灾。

（二）制定酒店火灾应急预案

建立火灾应急预案，可以有效地将事故发生的频率及损失控制在最低限度。酒店应根据本单位情况编制灭火与应急预案，并定期履行灭火和应急疏散预案演练职责。制定有效的灭火和应急疏散预案，在紧急情况下快速应对火灾事故，最大限度地减少人员伤亡和财产损失具有重要的意义。

二、火灾应急处理程序

（一）组织员工灭火并上报

在保证安全的前提下组织员工灭火，同时视火情情况决定是否拨打"119"电话报警，并上报相关单位和部门。

（二）下达疏散通知

一旦发生火灾，首先考虑的应是向旅馆、酒店里的人们报警，当然这也需要视火情决定是否发布疏散命令。

报警时应注意语气，稳定人们紧张惊慌的情绪。疏散命令的下达一般通过以下几种形式：

1. 警铃

有的酒店规定一停一响的警铃为火灾信号。当酒店的警铃持续不停时，一是告诉人们已发生火情，二是让店内所有的人员开始有组织地疏散，如果火情不大，不需疏散时，要迅速关掉警铃，向客人说明情况。

2. 广播

发生火灾后，旅馆、酒店要向人们发出紧急广播，告诉人们火情。由于酒店内人员复杂，中外宾客都有，尤其是涉外宾馆、酒店，接待的对象主要是外国人，所以，紧急广播的通知应当事先用中、英文及其他语言视不同情况录制好，也可以用书面形式事先写下来，放在播音室里。这种方式最为直接有效。

3. 其他

亦采用电话、背景音乐等其他形式下达疏散命令。

（三）组织疏散

火灾通知下达后，有关人员和部门就应当有计划、有组织地迅速组织疏散，协助安全逃生。

由于有烟气，能见度差，现场指挥人员应保持镇静，稳定好人员情绪，维护好现场秩序，组织有序疏散，防止惊慌造成挤伤、踩伤等事故。

根据酒店发生的火势情况，通报发生及蔓延情况，对被困人员进行有组织的疏散。

1. 疏散检查

在进行紧急疏散时，客房部的服务员要注意通知房间的每一位客人，以防有的外籍客人因听不懂广播的内容而停留在房间内。在确定该楼层的客人已全部疏散出去后，服务员方可离去。

当班的服务员在接到疏散命令后，要立即分头去检查房内有无客人。检查时，要同时检查卫生间和套间的所有房间。在确认房内无人后，把房间的所有门都关上，以防止火焰蔓延，然后在房间上做个记号，表示此房已检查无客人。

2. 疏散的原则和顺序

（1）先疏散燃火房间的客人，后疏散和燃火房间相邻房间的客人；

（2）先疏散燃着火层以上各层房间的客人，后疏散燃着火层以下各层客人。

因建筑物火灾中，一般着火层内的旅客遭受烟火和毒气危害的程度最重。如不及时疏散，极易出现中毒、昏迷、窒息等症状，所以疏散时，优先安排受火势威胁最严重及最危险区域内的人员疏散应是最紧迫的首要任务。

在进行疏散中，遵循先老、弱、病、残、妇，后一般客人；先客人、后员工，最后为救助人员疏散的顺序，这也是应遵循的疏散原则。对于行动有困难的特殊人员，还应指派专人或青壮年旅客协助撤离。

3. 疏散指导组沿着消防楼梯穿越火层进入安全区，引导护送行动不便的人员安全疏散

疏散中原则上禁止使用普通电梯运载旅客。疏散时，要通知客人走最近的安全通道，不要使用普通电梯。因普通电梯由于缝隙多极易受到烟火的侵袭，而且电梯竖井又是烟火蔓延的主要通道。火灾发生时，由于高温的侵袭，或是酒店断电，电梯会突然停止工作，导致电梯内的乘客疏散不出去而造成严重伤亡。在火灾时，原则上首先关闭普通电梯，利用安全疏散通道或开启紧急电梯抢运旅客。

（四）疏散、控制火势和火场排烟，原则上应同时进行

组织力量利用楼内消火栓、防火门、防火卷帘等设施控制火势，启用通风和排烟系统降低烟雾浓度，阻止烟火侵入疏散通道，及时关闭各种防火分隔设施等。如果火势很大难以控制需要撤离时，沿路还应关闭一切门窗，阻止火势蔓延，为安全疏散创造有利条件。

（五）救护或医治受伤人员，并清点人数

一般大型酒店，均有自己的医务室，在火灾现场救护时，酒店可组织本单位

义务人员在安全区及时对伤员进行简单处理，并及时送医院救治。

酒店所有人员撤离酒店后，应当立即到事先指定的安全地带集中，各部门的内勤要查点当日考勤的人数，前厅和客房部负责查点客人。发现有下落不明的人或还未撤离的人员，立即通知消防队帮助查找。

（六）财产疏散

即对旅馆、酒店的档案、资金、贵重物品及其他物品进行安全转移。财产是否需要疏散，要视火场的具体情况而定。

三、善后处理

1. 划出警戒范围，严禁其他车辆和无关人员进入着火现场，以免发生不必要的伤亡。

2. 配合消防部门调查事故原因。

3. 事件结束后分析原因。

4. 总经理对消防意识及消防工作的薄弱原因，制定防范措施。由防火负责人和安全部门检查、验证整改措施的结果，对整体酒店进行消防大检查。

5. 安抚遇难者家属和伤员。

积极做好遇难者家属和伤员的安抚工作。专门成立接待小组，24小时值班，接待遇难者和伤员家属。

华南宾馆"6·10"特大火灾案后，汕头市潮南区政府为了加快善后处理工作，积极做好遇难者家属和伤员的安抚工作，专门成立了35个接待小组，24小时值班，接待遇难者和伤员家属。

同时由财政局向华南宾馆有限公司的遇难者亲属垫付了赔偿金，潮南区政府将依法向华南宾馆有限公司追偿垫付的资金。

华南宾馆有限公司法定代表人陈炎生归案后，向潮南区政府交了700万元人民币现金，加上公安机关已扣留的华南宾馆有限公司及其经营者现金100多万元和价值近100万元人民币的物品，总共约900多万元，作为遇难者赔偿金和伤员的治疗赔偿费用。

消防知识链接：火灾等级划分

根据2007年6月26日，公安部下发的《关于调整火灾等级标准的通知》。新的火灾等级标准由原来的特大火灾、重大火灾、一般火灾三个等级调整为特别重大火灾、重大火灾、较大火灾和一般火灾四个等级。

1. 特别重大火灾，指造成30人以上死亡，或者100人以上重伤，或者1亿元以上直接财产损失的火灾；

2. 重大火灾，指造成10人以上30人以下死亡，或者50人以上100人以下重伤，或者5000万元以上1亿元以下直接财产损失的火灾；

3. 较大火灾，指造成 3 人以上 10 人以下死亡，或者 10 人以上 50 人以下重伤，或者 1000 万元以上 5000 万元以下直接财产损失的火灾；

4. 一般火灾，指造成 3 人以下死亡，或者 10 人以下重伤，或者 1000 万元以下直接财产损失的火灾。

（注："以上"包括本数，"以下"不包括本数。）

模块九　治安事故危机管理

【能力培养】

1. 通过对酒店相关治安事故个案的分析，使学生了解酒店在经营过程中对顾客应尽的保护义务，培养学生的服务意识；

2. 分析和总结引起酒店治安事故的各种原因，使学生认识到遵守相关规范的重要性；

3. 能制定各种简单的治安事故应急预案并实行之。

任务一　案例分析——银河宾馆客死案

一、案情介绍

1998 年 8 月 23 日下午，王翰（女，广州人）至沪参加药品交流会，入住上海银河宾馆 1911 客房。上海银河宾馆系四星级宾馆，有规范的管理制度和安全监控设施。其自行制定的《银河宾馆质量承诺细则》内有"24 小时的保安巡视，确保您的人身安全"、"若有不符合上述承诺内容，我们将立即改进并向您赔礼道歉，或奉送水果、费用打折、部分免费、直至赔偿"等内容。

第二天宾馆发现王翰在房间遇害并报警，后配合公安机关侦破该案。确定其死亡时间在当日下午 4 时 40 分左右，犯罪嫌疑人为仝瑞宝（后被判刑），仝瑞宝在房间杀害王翰后，还劫走王翰人民币 2.3 万余元、港币 20 元及价值人民币 7140 元的欧米茄手表一块。仝瑞宝于当日下午 2 时左右进入上海银河宾馆，4 时 52 分离开。王翰遇害后，王翰的父母与银河宾馆就赔偿事宜未能达成一致，遂向法院提起民事诉讼。

原告王利毅、张丽霞诉称：由于宾馆管理上的失误，使罪犯有机可乘，致王翰被杀害，财物被劫。王利毅等要求上海银河宾馆赔偿王翰被劫财物费、丧葬费、生前抚养教育费、处理王翰事件而发生的差旅、住宿费共计人民币 798860 元，以及家属精神损失费人民币 50 万元。并要求上海银河宾馆承认错误、赔礼道歉。

资料来源：《违约责任和侵权责任》，法律快车（www.lawtime.cn）2011/08/05。

二、案例分析

（一）上海银河宾馆对王翰承担的是违约责任

王翰在宾馆内被害、财物被劫，是仝瑞宝犯罪的直接、必然结果。该犯罪结果所引起的刑事和民事侵权利责任，只有仝瑞宝才应当承担。

银河宾馆与仝瑞宝的犯罪行为既没有主观上的共同存心，又没有客观上的行为牵连。银河宾馆的行为虽有不当的地方，但这些行为不会必然地导致王翰死亡。因此，银河宾馆与仝瑞宝不构成共同侵权，不该当承担侵权的民事责任。上诉人王利毅、张丽霞主张银河宾馆承担侵权民事责任，缺乏法律依据。

消费者权益保护法规定，经营者提供商品或者服务，造成消费者个人的生命危险的，该当赔偿。此规定是指经营者之商品或服务直接导致消费者受到损害的情形。本案王翰之死，并非由上诉人银河宾馆提供的服务直接造成，故不属于消费者权益保护法规定的情形。上诉人王利毅、张丽霞主张对本案适用消费者权益保护法调整，于法有悖。

宾馆作为服务性行业，以向旅客提供与收费相应的住宿环境和服务，来获取旅客付出的费用。宾馆与旅客之间的关系符合民法通则第八十五条的规定，是合同关系，该当适用合同法律规定来调整。

（二）该声明属于双方的约定

任何旅客入住宾馆时，都不会希望本身的个人的生命、产业在入住期间受到侵害；任何宾馆在接待旅客时，也不愿意出现旅客的个人的生命、产业被侵害事件，以致影响本身宾馆的客流量。因此，按照住宿合同的性质、目的和行业习气，避免旅客人身、产业受到侵害，就成为此类合同的附随义务。按照收费标准的不同，各个宾馆履行合同附随义务的方式也会有所不同，但必须是切实采取有用的安全防范办法，认真履行最审慎之注重义务，在本身的能力所及范围内最大限度地保护旅客不受非法侵害。住宿合同一经成立，无论宾馆是否向旅客出具口头的或者书面的安全保证或承诺，合同的附随义务都随之产生并客观存在。本案中，上诉人银河宾馆向旅客承诺"24 钟头的保镖巡视，确保您的个人的生命安全"，是自愿将合同的附随义务上升为合同的主义务，更该当恪尽职守履行这一义务。

但是该当指出，银河宾馆依法只对其在订立合同时该当预见到的因违反合同有可能酿成的损失承担赔偿责任。王翰被害及其产业被劫的损失，必须由杀害王翰的犯罪分子仝瑞宝承担。还该当指出，王翰作为旅客，时刻注重保护本身的个人的生命、产业安全，也是她在订立住宿合同后该当履行的合同附随义务。王翰未能充分了解和利用宾馆提供的安全设施，以致给仝瑞宝的犯罪提供了条件，在履行合同附随义务中也有过失，因此可以酌减银河宾馆的违约赔偿数额。

（三）宾馆对访客的登记不是法定义务

为了适应市场化的要求，宾馆不需要也不可能对进入宾馆大堂等公共活动区的所有人员进行盘查、登记。但是为了住宿旅客的人身、财产安全，宾馆必须也有条件对所有进入住宿区的不熟识人给予充分注意，在不乏热情地接待、询问中了解此类人员的动向，以及时发现并遏制其中一些人的犯罪企图，保护客人的安全。

事实证明，银河宾馆并没有配备专门人员负责此项工作，以致罪犯仝瑞宝出入王翰所在的住宿区时，均没有遇到过宾馆工作人员，更谈不上受到注意与询问，因而才能顺利进入客房作案，作案后又从容逃脱，王翰的尸体在第二天才被发现。银河宾馆不在旅客住宿区配备负责接待的工作人员，是其工作中的一大失误，这一失误已将旅客置于极不安全的境地，这也是仝瑞宝将银河宾馆选作犯罪地点的根本原因。银河宾馆虽然在住宿区每个楼层的电梯口都安装了电视监控设备，但是当监控设备已经反映出仝瑞宝为等待犯罪时机在不到两小时内 7 次上下宾馆电梯时，宾馆工作人员不能对这一异常举动给予密切注意。

事实证明，由于出入电梯间的客流量较大，这一措施对及时保护旅客的人身、财产安全并不奏效。银河宾馆没有全面、认真地履行合同义务，自应承担违约责任。

（四）该案判决结果

1. 上海市长宁区法院一审判决：

（1）被告上海银河宾馆于本判决生效之日起 10 日内给付原告王利毅、张丽霞赔偿费人民币 8 万元。

（2）原告王利毅、张丽霞的其他诉讼不予准许。

（3）案件受理费人民币 23325.80 元，由原告王利毅、张丽霞负担 22043.25 元，被告银河宾馆负担 1282.55 元。

双方当事人不服一审判决，向上海市第一中级人民法院提起上诉。

2. 上海市第一中级人民法院终审判决：

原审判决认定事实清楚，适用处律正确，判处恰当，审判合法，应予维持。判决：

（1）驳回上诉，维持原判。

（2）上诉违法案件受理费人民币 23325.80 元，由上诉人王利毅、张丽霞及上诉人上海银河宾馆各半负担。

任务二 酒店治安事故的原因

酒店是为宾客提供住宿、饮食、娱乐、购物和其他服务的综合服务性企业，是宾客外出旅游、商务、会议等活动的生活基地。因为是公共场所，人员进出频繁，宾客构成复杂，流动性较大，不安全的潜在因素相对提高。可以说酒店安全是酒店一切工作的保障，也是酒店开展各项经营活动的基础。而治安管理是酒店安全管理的重点内容。

一、涉黄、赌、毒案发生地

黄、赌、毒是人类社会史上一个古老的话题，然而从新中国成立之后已基本绝迹的社会丑恶现象，随着国门的开放，这些年来又沉渣泛起、死灰复燃，而且在某些地方已经发展到了相当严重的地步。酒店作为改革开放的前哨，加之其地理位置优越，设施设备齐备，往来人群众多且复杂，很容易产生一些黄、赌、毒事件。如 2010 年 6 月 20 日，希尔顿酒店因股东涉黑，介绍、容留妇女卖淫，违法经营和故意扰乱社会秩序，造成恶劣社会影响，被重庆警方责令停业整顿。

二、盗窃案发生地

发生在酒店，尤其是星级酒店内的盗窃案件非常普遍，2004 年，仅北京市朝阳区发生在三星级以上宾馆酒店的刑事案件共计 102 起，其中盗窃案件 97 起，占发案率的 95%。

> 一个以江西瑞金人组成的专门在酒店实施盗窃的犯罪团伙，在京作案 150 余起。这个团伙有七个特点：一是选择地点，一般是二、三星级酒店；二是选择目标，一般是穿着讲究的入住人员；三是选择在目标的周围房间入住；四是选择盗窃物品，一般是电脑、首饰、手机等贵重物品；五是选择时间，一般在凌晨 1 时至 4 时之间；六是作案时穿内衣，被发现后谎称走错房间；七是利用假身份证入住。在打掉该团伙后，经审讯和搜查，发现该团伙对高档宾馆的磁卡锁进行了专门研究，企图把作案目标向高档酒店转移。据公安机关掌握，现仍有类似犯罪团伙在各酒店作案。

资料来源：黄秀丽、夏天亮：《"大师帮"栽在北京城》，京报网（www.bjd.com.cn/WLZB/20050324/GB/WLZB%5E1337%5E4%5E24R1101.html）。

从星级酒店发生盗窃案的情况看，作案手段和侵害目标有许多相似之处：一是犯罪分子以酒店经理或主管的身份出现，以征求客人住店意见为名，由前面的人挡住事主的视线，后面的人趁机用废弃的磁卡钥匙将插在取电器上的客房房门磁卡钥匙换掉（磁卡设置的延时功能，10秒钟之内，电源不会切断，不易被事主发现）。然后，在楼道内守候，待客人离开后，立即进入客房进行盗窃；二是犯罪分子利用客房服务员防范意识不强，以找客人为名，或冒充住店客人，让服务员打开房门堂而皇之进入房间盗窃物品；三是犯罪分子趁客人不备，用黏胶、橡皮膏等填充房门锁库，客人出门时随手一带，认为已经锁好，待离开后，犯罪分子进入室内行窃；四是犯罪分子尾随住店客人潜入酒店的咖啡厅、餐厅、健身房、桑拿洗浴场所，拎包盗窃或撬开更衣柜后，盗取客房钥匙进入房间大肆盗窃等等。

三、犯罪嫌疑人、通缉犯藏身之地

从公安机关破获案件看，有越来越多的犯罪分子最终都是在星级酒店内被抓获的。2008年第一季度北京市共抓获32名涉嫌金融诈骗、合同诈骗、走私等网逃人员中，有23人入住在星级酒店，占抓获此类人员总数的72%。这些被网上通缉人员大多从事商务、公务等活动，具有较高文化教育水平，社会地位高、经济实力强，讲究生活质量，习惯星级酒店环境。

四、抢劫等其他刑事案件高发地

发生在星级酒店的抢劫案，一般是犯罪分子在酒店大堂内观察入住的客人情况，然后尾随客人进入房间实施抢劫。如2005年2月，一客人在东城某高星级酒店前台办理完入住手续后乘电梯到房间，打开房门后，两名与其同乘电梯的男子尾随其进门，持刀威胁并捆绑事主，抢走现金、笔记本电脑、手机、银行卡等财物，总价值共计三万余元。

> 2010年8月15日凌晨4时20分左右，一名戴着口罩和帽子的男子闯入四川成都人民公园附近少城路上的如家商务酒店大堂，当时，大堂内只有正在工作的一名前台服务员和一名保安。在持刀男子的胁迫下，保险柜中的17000多元现金被男子装入了随身的背包。酒店的另一名保安在其他楼层巡视后准备回到前台。见到眼前的这一幕，这名保安随即报警。
> 该"口罩男"挟持女服务人员作为人质冲出了酒店，后被民警解救。

资料来源：《"口罩男"酒店内持刀抢劫不成劫持女人质》，中国新闻网（www.chinanews.com/sh/2010/08-15/2468397.shtml）。

任务三 酒店治安事故的预防

为预防酒店治安事件的发生，应建立宾馆保卫部、巡检员、监视员、治安管理人员、安全监视机房、总台、楼面服务员的安全规章制度，以及完善会客单、访客登记等制度、宾馆安全管理规范等。

一、严格入住登记程序

（一）查验有效证件，并如实登记

酒店内发生治安、刑事案件，不但给客人带来了恐惧感，使之望而却步，而且直接影响了酒店的形象及经济效益。首先应从完善住宿登记开始预防，认真核对有效证件，按规定的项目如实登记。

前台服务人员在客人登记入住时，认真核对有效证件并逐一进行登记，按照公安机关要求及时上报或上传入住客人名单。

（二）其他要求

接待境外旅客住宿，还应当在二十四小时内向当地公安机关报送住宿登记表。

在登记过程中，酒店工作人员发现违法犯罪分子、形迹可疑的人员和被公安机关通缉的罪犯，应当立即向当地公安机关报告，不得知情不报或隐瞒包庇。

二、做好访客登记

有条件的酒店，应将酒店大堂等公共活动区域与客人住宿区域相隔离，避免非住宿客人随意进出客房所在区域。如中国大酒店、总统大酒店、东方国际酒店等都已安装了刷房卡上电梯的设备，这种做法较有效地识别了客人身份，避免了不明身份的人随便入内上楼。

亚洲国际大酒店要求来访人员必须出示身份证并登记，如果找人时间很短，可以让前台打电话。外来人员无法绕过前台登记，每层楼都有台班把关，避免非入住人员随便闯入。

做好访客登记可以有效地减少治安类事故的发生，保护客人以及酒店员工、酒店自身的安全。鉴于酒店的特殊性，在一般情况下，访客登记不是酒店的法定义务，但在特定时期，公安机关可以有特殊规定。

2010年的亚运会前夕，广州市公安局发布《关于加强亚运期间旅馆业单位安全管理通告》，通告对亚运期间酒店旅馆再增严管措施，除了住宿人员，到酒店访客的人员同样进行身份登记，并由酒店旅馆传送到公安机关。通告要求旅馆业单位严格落实来访登记制度，在大堂设立来访接待点供旅客接待来访人员；旅客在客房接待来访人员的，旅馆业单位应当按住宿登记规定，登记来访人员的身份信息，录入旅馆业治安管理信息系统，并传送到公安机关。对拒绝住宿登记的旅客及来访人员，旅店应当拒绝其入住或进入。此外，旅馆业单位应当在大厅、通道、出入口等重要部位安装视频监控设施，监控录像资料留存30日备查。

三、加强监控

闭路监控装置的安装对酒店减少内盗案件、加强管理、威慑犯罪分子、及时发现犯罪活动、协助公安机关破案都起到了积极的作用，以此提供破案线索的案例不胜枚举。

在酒店内的走廊、大堂等公共场所应设置闭路电视录像系统，并加强对闭路监控室工作人员的管理，及时发现可疑情况并通报巡逻人员进行核查，避免让闭路监控只在发生案件后提供线索。必要时，可采取 24 小时监控，并予以录像保存，便于对可疑人员的辨认和查询。

在没有监控设施的区域，应有专人定期巡视、巡查，做好安全监督。

四、提高酒店从业人员的防范意识

对酒店从业人员进行定期安全业务培训。未经培训的，不得上岗。酒店保安部应将由行业主管部门和公安部门定期归纳整理汇总的近期社会上和在星级酒店发生的刑事案件进行内部案情通报，使所有酒店从业人员提高安全防范意识，防止犯罪分子故伎重演。

任务四　酒店治安事故的应急处理——酒店治安管理程序、制度

由于酒店治安事故的类型很多，情况也各不相同，无法一一详述，只能就一般通用的应急处理程序展开，在应用中应考虑案件性质、严重程度参考使用。

一、掌握事故情况

酒店保安部门接到宾客或员工报案，要迅速赶到现场。凡是紧急事故，要迅速采取应急措施，制止事态发展，同时了解事故情况，并报告总经理或主管经理。

1. 如酒店内发生凶杀、抢劫、重大盗窃、诈骗以及其他恶性刑事案件时，员工一旦发现应在 5 分钟内向保安部报案，保安部接报后迅速赶赴发案现场，查明情况，保护现场，并立即请示店领导及直接向市公安局报案。

2. 酒店内发生盗窃、打架斗殴，流氓、毁坏公共财物等治安案件时，员工一旦发现，应立即报案并保护好现场，保安部接报案后，应迅速赶到现场，进行调查处理，并视情况紧急程度决定立即汇报或事后汇报。

3. 住店宾客向大堂经理及值班经理投诉中提出的各类案件，大堂经理必须让客人填写报案表，同时在 5 分钟内向保安部报案。

4. 员工中发生的各类纠纷和治安案件应在向本部门领导报告的同时向保安部报案，如属于失窃、丢失事件，应及时向保安部报告备案。

二、报警

如属于需要公安机关介入的案件，必须报警处理。在警察未到之前，酒店应设专人封锁和保护好现场，不得私自破坏现场，以利于侦查、破案。如《旅馆业治安管理办法》旅馆工作人员发现违法犯罪分子，形迹可疑的人员和被公安机关通缉的罪犯，应当立即向当地公安机关报告，不得知情不报或隐瞒包庇。

三、组织抢救、制止事态发展

在组织抢救、制止事态扩大或发展的基础上，要将当事人带到安全部或办公地点，调查了解事故发生的原因、情节、事故责任等，做好记录，取得证据。

四、配合公安部门破案

凡是发生重大事故或公安部门请求协查的坏人破坏等事故，要及时报告当地派出所或有关法律主管部门，并配合公安、消防、食品卫生等专业主管部门做好侦察、破案工作。

五、针对不同事故性质处理

即在公安部门或上级领导下，坚持以事实为根据、以法律为准绳，根据情节轻重、责任大小，及时、有效、妥善处理。

模块十　卫生安全事故危机管理

【能力培养】

1. 通过对酒店相关食品中毒案例的分析，让学生了解食品卫生安全的重要性，培养学生食品卫生安全的意识；

2. 介绍各种引起食品卫生安全事故的原因，使学生在职业服务中对卫生安全事故能加以预防；

3. 学生能针对食品安全事故的发生，掌握启动应急处理预案以解决或配合解决突发食品卫生安全事故。

任务一　案例分析——北京蜀国演义福寿螺中毒案

一、案情介绍

2006 年 5 月 20 日至 8 月 8 日，北京蜀国演义酒楼黄寺店、劲松店经营的凉拌螺肉（又称香香嘴螺肉）中含有广州管圆线虫的幼虫，造成食用过黄寺店凉拌螺肉的 81 人患广州管圆线虫病，其中住院 60 人，门诊 21 人；造成食用过劲松店凉拌螺肉的 57 人患广州管圆线虫病。整个"福寿螺事件"中，北京市医院共诊断 160 人患广州管圆线虫病，卫生监督机构调查确认病例 138 人，其他病人因拒绝接受调查，或在外地，或没有联系方式，无法调查。

二、案例分析

（一）此案属重大突发公共卫生事件

依据《中华人民共和国食品卫生法》等法律条例，北京市卫生局将此次发生的群体广州管圆线虫病认定为突发公共卫生事件，属于重大突发公共卫生事件。

此次重大突发公共卫生事件被定性为群体性的食源性寄生虫病。

（二）蜀国演义应承担的责任

民事赔偿责任的追究适用民法。应由受损害人提起，双方可协商，也适用调解，还可由司法机关裁决。民事赔偿的提起，往往是以行政责任的追究为前提的，因此在卫生行政部门作出食物中毒案的行政处罚决定时，可能会跟随着一起民事赔偿案的发生。

本案中，蜀国演义的具体责任在于，新推出的凉拌螺肉（又称香香嘴螺肉），开始用角螺（一种海螺）来做，后来将原料改为福寿螺。因加工不当，未彻底加热，没有杀灭螺肉中存在的广州管圆线虫，致使食用者患病。

1. 行政责任

> 依据《中华人民共和国食品卫生法》和《中华人民共和国行政处罚法》的相关规定，北京市卫生局依法对其造成广州管圆线虫病的违法行为作出了处罚决定，黄寺店罚没款共计人民币 315540 元，劲松店罚没款共计人民币 100084 元。

2. 民事赔偿责任

对福寿螺中毒事件中受害人的赔偿，因各受害人出现病情严重程度不一、自身情况各不相同，因此赔偿项目及相应数额也不同。

> 2008 年年底，福寿螺患者索赔案先后一审结案，所有起诉患者均获得赔偿，赔偿数额从 3.5 万余元至 7 万元不等。一审宣判后，个别患者对赔偿数额、方式等问题不满，提出上诉。

（三）蜀国演义对"福寿螺事件"的危机管理过程

1. 否认使用福寿螺

北京市卫生监督所开始对此事立案调查，对原料和加工过程的调查成为重点。

> "最开始，加工这道菜的厨师长和经理极力否认用了福寿螺，说用的是甲螺。"

驳斥（市卫生监督管理所）：甲螺属海螺，我们经分析认为，如果真用海螺，其生长环境中不可能有广州管圆线虫。

2. 提交报告，承认使用福寿螺，但否认加工存在问题

在和酒店董事长瞿传刚诚恳谈话后，第二天，酒店方提交了一份报告。

> 报告内容：使用福寿螺，但厨师否认加工过程中存在问题，坚持说水开后，福寿螺在沸水中煮了 20 分钟。

驳斥（郭子侠，市卫监局人员）："理论上说，福寿螺以及其他淡水产品，如果加工加热至熟透，即可杀死隐匿其中的管圆线虫等寄生虫幼虫，保证食用安全。如果真像厨师所说，在沸水中煮了 20 分钟，不可能出现寄生虫致病的事。"

3. 现场询问，承认加热不够彻底

接到报告当天下午，市卫生监督所的分管局长和调查人员一起到酒店现场询问，"这一次，厨师承认沸水开锅后只煮了 3～5 分钟"。

4. 召开媒体新闻发布会，向消费者道歉

8 月 23 日，蜀国演义餐饮企业有限公司在黄寺旗舰店召开了媒体新闻发布会，借助媒体向消费者公开道歉。

5. 向社会公布一揽子解决方案

2006 年 9 月底，蜀国演义酒楼就"福寿螺事件"患者的赔偿事宜出台一揽子解决方案，并通过媒体向患者和社会公开发布。

赔偿几乎包括了对住院患者的前期治疗费用、误工费、护理费、营养费、交通费、精神损害费及后续治疗费用等各个方面，并规定了具体的赔付期限。同时，蜀国演义还将成立赔付办公室，专门负责患者的赔付事宜。

6. 首例状告福寿螺事件在 2006 年 12 月 5 日立案，后陆续立案多起

7. 蜀国演义在危机后的发展

2006 年年底，"福寿螺事件"的余波还远未平息，在北京东二环商圈核心地

带的中青旅大厦，蜀国演义首席美食会所却又重装开业了。

与此同时，在京城上万家餐饮企业中，蜀国演义一举荣获"2006 年最受尊敬餐饮品牌"。

试对上述蜀国演义的危机管理过程作评析。

任务二　酒店卫生安全事故的原因

一、有毒原料

此处的有毒原料仅指原料本身有毒，不能被食用的一类原料。如有毒蘑菇，无论怎么加工，都不能被食用。

二、细菌性食物中毒

细菌性食物中毒是指人们摄入含有细菌或细菌毒素的食品而引起的食物中毒。引起食物中毒的原因有很多，其中最主要、最常见的原因就是食物被细菌污染。据我国近五年食物中毒统计资料表明，细菌性食物中毒占食物中毒总数的 50% 左右，而动物性食品是引起细菌性食物中毒的主要食品，其中肉类及熟肉制品居首位，其次有变质禽肉、病死畜肉以及鱼、奶、剩饭等。食物被细菌污染主要有以下几个原因：

1. 禽畜在宰杀前就是病禽、病畜；
2. 刀具、砧板及用具不洁，生熟交叉感染；
3. 卫生状况差，蚊蝇滋生；
4. 食品从业人员带菌污染食物；
5. 贮存方式不当，致产生病菌；
6. 食前未充分加热，未充分煮熟。

　　2010 年 10 月 23 日发生在成都市崇州的食物中毒事件，成都市卫生部门根据流行病学调查和临床表现，结合实验室检查结果，确认该事件为一起副溶血性弧菌食物中毒事件，中毒餐次为 10 月 22 日晚餐和 10 月 23 日午餐，红烧甲鱼和琴鹤香辣蟹为中毒食品，原因查明为：红烧甲鱼和琴鹤香辣蟹两种食品未彻底煮熟。该中毒事件中有 396 人到医院就诊。

　　资料来源：《四川崇阳一场婚宴 396 人食物中毒》，中国新闻网（news. sina. cn/c/2010 - 10 - 27/112921362213. shtml）。

三、人为投毒

酒店作为一个开放型的经营单位，外部竞争激烈，内部人员构成复杂，服务中所涉环节众多，从食物原料采购到加工至最终被消费者消费，中间任一环节都有可能被人利用来报复或泄愤。

2010年4月23日发生一起食物中毒事件，导致约80人在就餐之后出现不同程度的中毒症状。此次经检验食物样本当中含有降压药成分——可乐啶事件初步判定为可乐啶引起的急性中毒，未排除人为投毒的可能，后经查明酒店从供货商处采购时已经被加进去该药物。

资料来源：《北京80人食物中毒疑由可乐啶引起　警方介入调查》，中国新闻网，（news. sina. com. cn/c/2010－04－24/175320145317. shtml）。

任务三　酒店卫生安全事故的预防

食品质量安全，源头是第一位。从根源上杜绝食品安全问题非常关键，定期对原材料进行化验和检查，进行监督，以保证原料的品质，真正把食品安全问题落实到位。

一、严格原材料进货渠道

1. 采购食品（包括食品成品、原料及食品添加剂、食品容器和包装材料、食品用工具和设备），要按照国家有关规定向供方索取产品的检验合格证和化验单，同时注意检查核对。合格证明中记载的产品名称、生产日期、批号等必须与产品相符，不得涂改、伪造。

2. 所索取的检验合格证明由采购部门妥善保存，以备查验。

3. 不采购腐败变质、掺杂掺假、发霉生虫、有毒有害、质量不新鲜的食品及原料，以及无产地、无厂名、无生产日期和保质期或标识不清以及超过保质期限的食品。

4. 不采购无卫生许可证的食品生产经营者供应的食品。

二、从业人员健康检查制度

食品生产经营人员持健康证方能上岗，主要是为了保护消费者的健康权益，以免不具备从业资格的人将疾病传染给消费者。

食品卫生管理人员负责组织本单位的健康体检工作，建立从业人员卫生档案，督促"五病"人员调离岗位，并对从业人员健康状况进行日常监督管理。

（一）持证上岗

新参加工作的从业人员、实习工、实习学生必须取得健康证明后上岗，杜绝先上岗后体检的事情发生。

（二）定期体检

食品生产经营人员每年必须进行健康检查。

（三）患有碍食品卫生疾病的，及时调离该岗位

凡患有痢疾、伤寒、病毒性肝炎等消化道传染病以及其他有碍食品卫生疾病的，不得参加接触直接入口食品的生产经营。

三、严格餐具杯具等器皿消毒工作

所有的餐具杯具等器皿洗刷后必须进行消毒，消毒程序严格执行"一洗，二刷，三冲，四消毒，五保洁"的制度。

使用消毒液进行消毒时，按1∶200的比例稀释配好消毒液，倒入消毒桶内，再将器皿放入消毒桶。要求器皿要完全浸入水中，浸泡5~10分钟后取出，用消毒抹布揩干，放入保洁柜内保洁。

使用消毒柜消毒时，先将器皿上残渣刮净，用水冲刷干净后放入蒸箱内高温消毒（温度不低于90摄氏度，时间不少于15分钟），用消毒抹布揩干，放入保洁柜内保洁。

四、严格加工食物制度，避免细菌性食物中毒

熟食品在加工食用前必须煮熟炸透，彻底灭菌，严防里生外熟，并在低温条件下短时贮存。预防细菌性食物中毒，应根据防止食品受到细菌污染，控制细菌的繁殖和杀灭病原菌三项基本原则采取措施，其关键点主要有：

（一）避免交叉污染

即避免熟食品受到各种致病菌的污染。如执行"生与熟隔离；成品与半成品隔离；食物与杂物隔离；食物与天然冰隔离"的"四隔离"制度，以防止食品交叉污染。经常性洗手、接触直接入口仪器的还应消毒手部、保持仪器加工操作场所清洁，避免昆虫、鼠类等动物接触食品。

（二）控制温度

即控制适当的湿度以保证杀灭食品中的微生物或防止微生物的生长繁殖。如加热食品应使中心温度达到700℃以上。贮存熟食品，要及时热藏，使食品温度保持在60℃以上，或者及时冷藏，把温度控制在10℃以下。

《餐饮业食品卫生管理办法》第二十条规定："在烹饪后至食用前需要较长时间（超过2小时）存放的食品，应当在高于60℃或低于10℃的条件下存放。

需要冷藏的熟制品，应当在放凉后再冷藏。"

（三）控制时间

即尽量缩短食品存放时间，不给予微生物生长繁殖的机会。熟食品应尽快吃掉；食品原料应尽快使用完。

（四）清洗和消毒

这是防止食品污染的主要措施。对接触食品的所有物品应清洗干净，凡是接触直接入口食品的物品，还应在清洗的基础上进行消毒。因此生吃的蔬菜水果也应进行清洗消毒。

（五）控制加工量

食品的加工量应与加工条件相吻合。食品加工量超过加工场所和设备的承受能力时，难以做到按卫生要求加工，极易造成食品污染，引起食物中毒。

五、食品卫生综合检查制度

制定定期或不定期卫生检查计划，将全面检查与抽查、问查相结合，主要检查各项制度的贯彻落实情况。

各餐饮部位的卫生管理组织负责本部位的各项卫生管理制度的落实，每天在操作加工时段至少检查一次卫生，检查各岗是否有违反制度的情况，发现问题，及时指导改进，并做好卫生检查记录备查。

厨师长及各岗负责人、主管要跟随检查、指导，严格从业人员卫生操作程序，逐步养成良好的个人卫生习惯和卫生操作习惯。

卫生工作关系到企业的信誉和经营，又关系到社会精神文明建设，更关系到广大消费者的身体健康乃至生命安全。养成良好的卫生意识和习惯，不但是每个服务人员工作的优良表现，也是一个人良好修养与习惯的表现。

任务四　酒店卫生安全事故的应急处理

随着旅游业的发展，旅游过程中发生食物中毒事件已多有报道，由于疾病的潜伏性和就餐场所的不固定性，给食物中毒的认定和处理带来困难。关于食物中毒的认定和处理因涉及相关技术检测等问题，在此我们不做详细展开。下面拟就2010年4月23日发生在北京怀柔山吧餐厅的卫生安全事故处理为例，就涉案酒店在处理该类事故时参考借鉴。

项目三　实践篇之内部因素

　　2010 年 4 月 23 日中午，前后陆续有两三百人在北京怀柔山吧餐厅吃午饭，有散客，也有跟团前来的，同时就餐的多达 100 多人。饭后，部分人出现血压低、心率慢、恶心、呕吐、头晕、口渴、嗜睡等食物中毒症状，初步怀疑是食物中毒，山吧餐厅和客人报警。

　　卫生局于 12 点 40 分接到报案后，怀柔区应急办、北京市卫生局立即派卫生监督所的工作人员到山吧餐厅及医院调查，怀柔区警方也介入调查。下午 1 点左右，区卫生局将山吧封锁。当地警方已介入调查，山吧相关负责人已被控制，事故原因具体为人为投毒或食物中毒还在调查中。

　　下午 1 时 20 分左右，山吧餐厅老板拨打 120 急救电话，后怀柔 120 派出多辆急救车赶往现场，被送往医院治疗的 73 名游客中，据了解，所有用餐的游客共食用了 16 道菜品，卫生监督工作人员已将该 16 道菜品分别取样。市卫生局下达指令，将连夜对这些样本进行检验，初步结果已送往权威机构进行进一步检测。

　　事件发生后，怀柔区委、区政府立即启动应急预案。区长池维生，常务副区长王仕龙等相关领导赶赴事故现场和医院，并同时成立了医疗救治、现场控制、事故调查、善后处理和新闻接待 5 个工作小组，全力开展事件处理工作。同时，应急办、卫生局、公安分局、工商分局、商务委、质监局、旅游局等部门工作人员，也分别赶赴现场处理此事。

　　池维生现场作出指示：医疗救治组采取一切措施救治中毒人员，密切观察病人动态；事故调查组要迅速查明中毒原因；现场控制组要全面封存现场；善后处理组要认真做好家属的接待、善后工作。同时，还要采取措施确保就餐离开后可能出现的中毒人员能够及时得到救治。

　　资料来源：《游客餐厅内发生食物中毒　北京怀柔山吧停业》，中国新闻网（news. sohu. com/20100424/n271725286. shtml）。

一、启动应急处理与救治

　　酒店一旦出现食品中毒事故，及时启动应急程序，按相关要求报酒楼有关领导，组织救治，处理临时紧急事务等。

　　酒店如有条件的，由酒店负责把中毒客人就近送往医院，无条件的应拨打 120、999 急救电话，及时把病人送往医院，以免延误最佳治疗时间。

　　同时，应及时向卫生局或防疫站报告并保护好现场。

二、封存现场及食物

　　因食物中毒原因复杂，作为酒店不可能马上就能查明原因，故保护好现场严防破坏，对可疑食物或有毒食物取标本封存是酒店必须要做的。对于已售出或外流的可能会引起中毒的食品及原料也应当封存，故在封存之前应当责令追回，责令追回应有书面的责令追回通知书，告知原因及相关情况，避免更严重的后果发生，然后进行封存。

实践中，有些涉案酒店在发生食物中毒事件后，出于各种原因，对有关食品、工具、设备和现场进行了处理，导致相关卫生监督部门或医院很难再采集到可疑中毒食品；而中毒人员往往已自行服药或已经过医疗机构治疗，其呕吐物、排泄物等标本也已无法采集或实验室检验已没有实际意义，在这些情况下，认定中毒原因就非常困难，而中毒原因无法查明，不仅责任无法分清，更重要的是如果出现严重病情，无法对症治疗，耽误病情的最佳治疗时间，后果非常严重。

因此，涉案酒店应保护好相关现场，封存可能引起中毒的食物样品。

三、配合相关部门调查取证

食物中毒调查处理一是难在食物中毒案件往往案发突然，对卫生监督机构应急反应、应急处置要求高；二是难在调查取证工作面广量大，证据形式多样；三是程序复杂，既要遵循卫生监督执法、卫生行政处罚的一般要求，还要按照规定程序诊断食品中毒患者和确定食物中毒事件；四是具有很强的技术要求。

特别是第一时间取证和收集第一手证据，对处理食品中毒案件至关重要，相关卫生监督机构组织人员进行流行病学调查、现场卫生学调查、实验室检验等工作均需要涉案酒店的配合。这些工作包括现场检查笔录、询问笔录、个案调查表、采样记录、检验报告、执业医师证书复印件、法定代表人身份证明书、授权委托书等等。

因此，食品中毒所涉酒店的法人代表及相关工作人员均应在现场，随时配合卫生监督机构的现场监督检查、询问、调查、采样，提供卫生监督机构调查和取证所需的物品或资料。

四、善后处理

（一）安抚

酒店发生卫生安全事故后，除积极将患者送往相关医院救治外，对未出现症状但同时在酒店就餐的客人应密切观察其情况，如怀柔山吧餐厅发生中毒事故后，未出现症状的就餐人员就留在山吧餐厅关注是否有状况出现，在密切关注他们的同时，酒店应做好其安抚工作，尽量减轻其心理压力。

对已中毒患者其他家属，酒店领导应及时慰问和探望。

（二）确定责任承担

在得到相关行政部门确认中毒原因之前，为使中毒者得到及时的救治，酒店可以先行垫付相关的医药费。

在确认中毒原因后，根据相关行政机关的责任认定以及案情的严重程度，酒店可能承担相应的行政责任、刑事责任以及对中毒者的民事赔偿责任。

（三）其他

如果酒店被相关行政部门查封，重新营业之前，在当地卫生部门的技术指导下做好清洗消毒等卫生处理；接受卫生监督人员加强对餐饮单位的监管等，在与包括卫生部门在内的当地政府部门以及警方进行了沟通，得到允许后方可开业。

酒店发生食品安全事故，其负面影响很难在短时间内消除，酒店应总结经验教训，在各方面对食品安全进行比以往更严格的监控，杜绝类似事件的发生。

相关知识链接

名词解释

突发公共卫生事件（以下简称突发事件），是指突然发生，造成或者可能造成社会公众健康严重损害的重大传染病疫情、群体性不明原因疾病、重大食物和职业中毒以及其他严重影响公众健康的事件。

公共场所卫生等级划分：A级表示卫生信誉度优秀，安全风险低；B级表示良好，安全风险度较低；C级表示合格，安全风险度一般。

食物中毒的特点

（1）由于没有个人与个人之间的传染过程，所以导致发病呈暴发性，潜伏期短，来势急剧，短时间内可能有多数人发病，发病曲线呈突然上升的趋势。

（2）中毒病人一般具有相似的临床症状。常常出现恶心、呕吐、腹痛、腹泻等消化道症状。

（3）发病与食物有关。患者在近期内都食用过同样的食物，发病范围局限在食用该类有毒食物的人群，停止食用该食物后发病很快停止，发病曲线在突然上升之后呈突然下降趋势。

（4）食物中毒病人对健康人不具有传染性。

食物中毒的应急措施

食物中毒一般具有潜伏期短、时间集中、突然爆发、来势凶猛的特点。据统计，食物中毒绝大多数发生在七、八、九三个月份。临床上表现为以上吐、下泻、腹痛为主的急性胃肠炎症状，严重者可因脱水、休克、循环衰竭而危及生命。因此一旦发生食物中毒，千万不能惊慌失措，应冷静地分析发病的原因，针对引起中毒的食物以及服用的时间长短，及时采取如下应急措施：

一、催吐。

如果服用时间在 1~2 小时内，可使用催吐的方法。立即取食盐 20g 加开水 200ml 溶化，冷却后一次喝下，如果不吐，可多喝几次，迅速促进呕吐。亦可用鲜生姜 100g 捣碎取汁用 200ml 温水冲服。如果吃下去的是变质的荤食品，则可服用十滴水来促使迅速呕吐。有的患者还可用筷子、手指或鹅毛等刺激咽喉，引发呕吐。

二、导泻。

如果病人服用食物时间较长，一般已超过 2~3 小时，而且精神较好，则可服用些泻药，促使中毒食物尽快排出体外。一般用大黄 30g 一次煎服，老年患者可选用元明粉 20g，用开水冲服，即可缓泻。对老年体质较好者，也可采用番泻叶 15g 一次煎服，或用开水冲服，也能达到导泻的目的。

三、解毒。

如果是吃了变质的鱼、虾、蟹等引起的食物中毒，可取食醋 100ml 加水 200ml，稀释后一次服下。此外，还可采用紫苏 30g、生甘草 10g 一次煎服。若是误食了变质的饮料或防腐剂，最好的急救方法是用鲜牛奶或其他含蛋白的饮料灌服。

如果经上述急救，症状未见好转，或中毒较重者，应尽快送医院治疗。在治疗过程中，要给病人以良好的护理，尽量使其安静，避免精神紧张，注意休息，防止受凉，同时补充足量的淡盐开水。

控制食物中毒关键在预防，搞好饮食卫生，严把"病从口入"关。

模块十一　酒店服务过失危机管理

【能力培养】

1. 了解酒店服务过失危机管理的基本概念和基本思路；
2. 掌握酒店服务过失的预防方法；
3. 掌握酒店服务过失的应急处理机制；
3. 应用所学的方法分析具体服务过失的处理。

任务一　案例分析——疲倦的客人就这么走了

一、案例介绍

一天深夜 3 点 10 分，两位面容倦怠的客人来到前厅接待处。

"先生，您好，欢迎光临。请问需要什么房间？"接待员微笑地询问。

顾客："我们需要一间普通标准间，快点、快点，困死了！"

接待员："我们有豪华标准双人间，498 元一套，还有普通三人间 588 元一间。"

顾客："我说过了要普通标准间。"略显疲惫的客人不耐烦地说。

接待员："真对不起，标准间刚刚卖完，只有一间刚刚 Check-Out，豪华标准双人间也非常适合你们，十分抱歉，楼层服务员现在正在清扫，请你们稍等片刻。"

顾客："不行，刚才机场代表告诉我们是有房间的！"客人不禁皱起了眉头。

接待员："是有的，但请稍等一会儿，我们马上清理出来，请您在大堂吧略坐片刻，我们会通知您的。"客人看了看接待员，不悦地走向大堂吧。接待员赶紧催促客房中心立即清扫普通标准间。

　　15 分钟后，其中的一位客人来到接待处。顾客："小姐，到底有没有房间，我们坐了 3 个多小时的飞机，真的很累，想休息……"

　　接待员："马上就好，请你们再耐心地等一会儿。"接待员连忙安慰客人。

　　客人又回到座位上，耐着性子等候。接待员立刻又打电话到客房中心询问有没有做好那间双人房，客房服务员却说："有一间豪华标准间做好了，其他房间还没有。"

　　接待员："你们在干什么呢，做房间那么慢，你们知道客人等得多焦急。"

　　服务员："房间总得一间间做吧，哪有那么快。"说完电话挂断了。接待员无可奈何地放下话筒。

　　过了 15 分钟，两位客人再次走向接待处，七嘴八舌地高声责问接待员："你们到底有没有房间？把我们骗到这儿，根本没房，我们不在你们这儿住了。"说完，便向门外走去。这时，大堂副理走了过来想留住客人，可没等他说话，客人就劈头盖脸地说："你不用多说，我们已经在这里白等了半个多小时了。"说完便愤然离去。

资料来源：《案例：疲倦的客人就这么走了》，豆丁网，www. docin. com/p - 221648180. html#documentinfo。

二、案例评析

　　美国心理学家马斯洛把人的需要分为五个基本层次：生理需要、安全需要、社交需要、尊重需要、自我实现需要。客人来到酒店吃住是最基本的生理需求，而当这一需求一而再、再而三地得不到满足时，不满的情绪就会油然而生，同时会给酒店带来很多负面的影响；客人这一次不愉快的经历，将影响他们再次进入该酒店。案例中出现的问题说明该酒店在管理与服务上有漏洞：

（一）机场代表承诺没兑现

　　在不了解酒店现实房态的情况下向客人许诺机场代表在接待前，就应了解房态，答应了客人之后，更应该及时联系酒店做出安排，使客人抵达后能够顺利入住。

（二）接待员处事不够灵活

　　从客人的第一句话"快点！"开始，接待员就应该听得出客人的急切心理。在服务过程中，我们应急客人所急，为客人所想。当酒店一时满足不了客人的时候，要及时采取变通措施。楼层服务员的不配合是最根本的原因。从服务员回答的口气里我们可以看出其服务的意识与合作的态度是欠佳的。这也反映出酒店对员工服务意识的培训远远不够。

（三）大堂副理失职

　　大堂副理的职责是营业部门经理下班或不在场的情况下，监管各营业部门的运作，处理非正常运作所引致的宾客投诉，处理酒店发生的意外事件或紧急事件，最终达到客人满意、酒店声誉不受损害的目的。案例中的客人已等候多时以致发脾气要离开了，大堂副理才姗姗出现，其行为是失职的。

在客人的潜意识里，他们普遍有一种要享受特权的愿望，这种特权表现在"我是客人，我需要你为我提供服务，我有权享受服务，我有权提出任何的要求"等。如果服务员用友好、热情的态度对待客人，客人的这种特权愿望就是得到了满足；如果服务员没有微笑、表现得不耐烦或对客人的要求不理不睬，势必会导致客人感觉没有享受到被服务的权利。这种情况下，任何一个小的服务过失，都会导致客人对服务的强烈不满。所以酒店的管理者都把服务质量的管理当作酒店的生命线，预防并妥善处理好服务过失事故。

任务二 酒店服务过失的原因分析

酒店出售的是一种特殊的"商品"——服务。由于服务本身的脆弱性，在提供服务的过程中，即使最出色的酒店，最优秀的服务员也不可避免地会出现服务的失败和错误，因为存在很多不可控或难以协调的情况。

在酒店行业中，顾客对于服务的满意度会直接影响到酒店的利润。满意的顾客会再次光临酒店，并将自己愉快的消费经历广为传播，不满意的顾客也会将心中的不满情绪传递给身边的朋友，并减少或不再形成消费。顾客对于服务的不满意可能产生于多种原因，而酒店的服务过失就是常见的原因之一。

一、酒店服务过失的概念

（一）服务过失

服务过失是指服务表现未达到顾客对服务的评价标准。服务过失取决于两方面：一是顾客对服务的评价标准，即顾客对服务的预期所得；二是服务表现，即顾客对服务真实经历的感受，也就是顾客对服务过程中的实际所得。

（二）酒店服务过失

酒店服务过失是指顾客认为酒店的服务或产品不符合其标准，以及顾客认定为不满意的酒店服务行为。

只要顾客认为其需求未被满足，或是酒店的服务低于其预期水平，就预示着酒店有可能会发生服务过失。服务过失的大小可以表述为由于服务过失而给顾客带来的损失的大小程度。服务过失的严重程度会对顾客满意度产生影响，过失的严重程度越大，顾客的满意度越低。所以酒店在服务过失的处理过程中要对不同程度的服务过失给予不同的对待。

二、酒店服务过失的影响

当服务过失发生时,往往会给顾客带来两方面的影响:一是服务的实际结果无法解决顾客的实际需要;二是给顾客带来精神上的伤害,即使顾客对酒店产生了不好的情感认识。因而当第一次服务过失出现后,酒店必须小心谨慎地为顾客提供良好而准确的第二次服务。但是与有形产品不同,许多服务是不可以重新生产的。酒店所能做的只能是尽量给予顾客精神上和物质上的补偿,并力争在下一个服务流程中杜绝此类事情的发生。

服务过失处理得当,有助于顾客与酒店建立起良好的信任关系,也能提高顾客对酒店的满意度和忠诚度。有研究表明,出现服务过失后,得到及时有效地补救的顾客,其满意度比那些没有遇到服务过失的顾客的满意度还要高。美国消费者办公室(TARP)经过研究也发现:在批量购买中,未提出批评的顾客重购率为9%,抱怨未得到解决的顾客重购率为19%,抱怨得到解决的为54%,抱怨得到快速有效解决的,其重购率高达82%。所以说服务补救是酒店在出现服务过失后的一种"危机公关"活动,为酒店提供了提高顾客感知服务质量、顾客满意度和忠诚度,以及重塑企业形象的第二次机会。

三、酒店服务过失的特点

(一)难以避免性

基于顾客多样性与服务多变性,酒店服务过失很难避免。酒店服务过失是由顾客主观判定的。如顾客在房间要求送餐服务,而酒店让顾客等候的时间让顾客难以容忍,则服务过失就发生了。由于顾客的需求愈来愈多样化,不同的一线服务员以及同一个员工面对需求各异的顾客每时每刻都提供高度一致的服务存在困难,所以若要酒店完全不发生错误,或顾客没有一丝的不满是困难的。即使是同一个顾客多次接受同一项服务,也可能由于每次服务时心情或周围环境的不同而产生不同的感受。

(二)时间不确定性

酒店服务过失的发生,可以在任何的接触时点中发生。由于酒店产品具有服务的生产与消费同时发生的属性,因此服务过失可能发生在顾客与员工的任何一个服务接触点。从顾客通过电话预订酒店客房到顾客离开酒店的每一个时点都可能发生过失;在酒店服务系统中,服务作业系统和服务传递系统的任何过失最终都可能导致顾客的不满意。

(三)程度差异大

酒店服务过失的发生,可以在任何的接触时点,即从第一次接触到最近一次接触；严重程度可由微不足道到非常严重。

四、酒店服务过失的表现

(一) 服务作业系统过失

主要包括在核心服务上的过失，如酒店的客房服务，餐馆的膳食服务；应该能够提供的服务现在无法提供或不存在，如丢失酒店房间的预订记录；服务或员工的操作过慢；其他核心服务的过失，如酒店房间不清洁或餐馆实物是冷的或烹饪不适当，行李损坏等。

1. 餐饮部

餐饮服务为酒店业的关键，在顾客心中占有十足的地位。其主要过失主要体现在食物多样性不足和上菜速度慢。等待使时间变长，等待使人烦躁。当你坐在餐桌前，却还要花时间去等待服务员的"蜗牛式"上菜的时候，原本不饿的肚子也会让你觉得饥饿万分，那原本饥饿的肚子就会让你在等待中抓狂。了解这一心理，在上菜时就必须讲究速度。快速地上菜会让客人觉得菜肴的丰盛，也会让人感受到服务的殷勤与对客人的尊敬。

2. 前厅部

酒店前厅部是酒店整个业务的中心部位。酒店前厅部服务的主要过失是登记速度慢、登记错误和语言障碍，但影响最大的却是重复卖房。

其中问题最多的就是登记速度。登记速度慢的关键是效率问题，员工工作不够熟练或态度不够认真都会导致登记速度的延长。语言障碍，说明酒店里员工的外语水平并不高，即便是五星级酒店，外语水平仍欠火候。语言障碍同样也是引起登记错误的一个相关因素。登记速度慢、登记错误、语言障碍这三项直接体现了一个酒店的员工素质，很多人认为酒店是不需要高学历的，其实这也从侧面反映了高学历高素质对酒店管理的重要性。

重复卖房是指当一住客未将房间退掉时，酒店又将该房间卖给了另外一位客人。重复卖房往往会得罪任何一方的住客，这将成为酒店最严重的缺陷。

3. 客房部

客房部是除了餐饮部之外酒店的另一个大部门，其员工数量庞大，功能多样，所以管理上面有一定的复杂性。酒店服务过失在设施设备的故障方面最显著，其他过失所占比例相当。由于酒店设备的保养不善，在遇到故障时没有及时修理就进行再次使用；其次是管理不当，没有及时发现设施设备的故障，因此造成了忽略；还有就是新安装的设备没有进行很好的检查而投入使用；设施设备的使用说明不当而造成客人的误解等。设施设备的故障会导致顾客对酒店的档次产生怀疑，容易引起投诉。

4. 服务人员过失分析

人员的服务过失主要是主动性和规范性方面。一个服务员的服务主不主动这要看一个服务员的服务素质高不高。

（二）服务传递系统过失

当顾客要求员工对服务传递系统做出调整以适应他/她的特殊需求时，可能会发生过失。

1. 无法满足顾客的特殊要求

当顾客由于个人偏好而提出"特殊"要求时，包括顾客要求对服务做出一定程度的调整以适应他们的偏好，而这种调整又明显地超越或违反了酒店政策或常规。

2. 服务员采取自发的未经要求的行为

如特别不寻常的表示尊重或亵渎的行为和表情，不适当的身体接触，违反基本的礼节，举止粗鲁等。

3. 问题顾客的行为

顾客不愿意遵守法律、规章制度或不愿与酒店合作，也包括举止粗鲁，辱骂或不管员工多么努力仍对服务表示不满意。如顾客喝醉了酒找麻烦，顾客口头或身体上对员工或其他顾客进行侮辱，顾客拒绝遵守制度或法律，在酒店房间里使用违禁药品，员工不得不采取强制措施使其服从等。

五、酒店服务过失的原因

服务过失出现的原因是较为复杂的，有酒店的原因，也有顾客自身的原因。归纳起来主要有以下几方面的原因：

（一）系统故障的原因

酒店的设施设备是酒店为宾客提供服务的信托，设施设备的配置及其运转状态的完好程度直接影响服务的质量。如酒店的客房恭桶堵塞、空调电梯失灵、电器损坏、故障、入住和结账系统故障等都导致服务过失的出现。

（二）有形产品的原因

餐饮产品、客用品及酒店提供的其他实物商品在产品的数量、质量、规格、包装、价格等因素上没能满足顾客的合理需要，也是服务失败的原因之一。

（三）酒店员工的原因

由于大多数服务需要服务员工与顾客在互动过程中才能实现，更多服务员工由于其服务态度、服务技巧、服务方式、服务效率和礼节礼貌等因素，引起顾客的不满，从而导致服务过失。

（四）顾客自身的原因

既然服务是一种互动过程，那么顾客作为服务活动的参与者不可避免地会对最终服务质量带来影响。酒店顾客的素质也千差万别，又因为语言、文化习俗、宗教信仰等因素事实差别，在互动过程中，顾客不合理态度、行为、服务期望都会使员工和顾客间的沟通存在障碍，导致发生失败的服务。

（五）顾客与酒店对服务标准理解差异的原因

由于酒店在设计服务产品时，规范有余，个性不足；或者酒店在设计服务产品时，对顾客需求理解有差距；或者是顾客文化背景的差异等因素，造成顾客与酒店对该服务产品的理解不一致，从而导致服务过失的出现。

从上面的分析可以看出，服务过失并不一定总是酒店造成的。但是当服务过失出现时，顾客都会更容易迁怒于酒店，所以应该在明确了解过失出现的原因基础上，积极采取有针对性措施进行补救，修复与顾客的关系，避免顾客流失和争取补救后的顾客满意及忠诚。

任务三　酒店服务过失事故的预防

由于酒店行业产品的特殊性及服务质量差距等原因，使酒店服务过程中难免会产生过失，因而导致顾客流失及酒店声誉受影响，并会给酒店的长期发展带来严重的后果。如何通过预防措施来避免过失的发生及减弱过失的影响，是酒店行业一直在思考的问题。

一、酒店服务过失管理的原则

（一）防患于未然

要对可能要发生服务过失的环境进行全面的分析，预防可能过失的发生，这是减少酒店服务过失的首要基础。

（二）主动承担

"客人永远是对的"，在对客服务中服务提供者应主动地去发现服务过失，及时采取措施解决过失，在质量受损情况下，采用这种前瞻性的管理模式无疑更有利于减少工作失误，有利于提高顾客满意度和忠诚度的水平。

（三）及时处理

服务修复具有实时性的特点，当客人对酒店提供的产品表示抱怨时，服务提供者必须以最快的速度采取修复措施，耽误时间只会进一步引起客人的不满，时间、效率就是对客人的尊重。

（四）个性化服务

来酒店消费的客人的素质、性格、心理千差万别，他们对酒店的服务过失不满时，其表现形式也是各不一样的。酒店经营者在处理客人投诉时，应对投诉客人的类型进行快速的判断，有针对性地采用行之有效的补救措施。

二、酒店服务过失管理体系的建立

（一）培训

酒店人力资源部应该制定完善、有效的培训策略，在培训中对服务修复和服务修复管理进行专项培训，以期通过训练来规范员工的服务修复行为、服务修复语言、服务修复服务技术，培训员工在服务修复中的倾听技巧、问题分析能力和情绪控制能力等，以提高员工在服务修复中的应变能力。

（二）授权

在服务过失的情况下，一线服务员往往是最先接触顾客抱怨、处理顾客投诉的人员，服务员的反应速度极大地影响着客人的情绪。服务人员在服务修复中的快速行为既取决于其个人具有的能力，也受限于他所拥有的权力，这个权力决定了他在服务修复中能调动的资源、能多快地去调动他所能调动的资源。良好的授权既能保证员工服务修复的速度，又能够改善员工的工作态度，使员工能根据不同情况和要求灵活处理，增加顾客的满意度。事实上，如果事无巨细的都要请示上级的话，将使顾客对服务人员的信赖感降低，并因此而更为不满。当然授权应适当，否则可能会导致滥用职权、管理混乱。

（三）激励

服务质量修复工作对普通员工来讲具有一定的风险性，员工在受理客人投诉时，有可能推卸、不敢受理，使修复工作不能即时跟进。酒店管理者要使员工能够以非常积极的态度去做好修复工作，必须在修复工作方面建立科学的激励制度。酒店可推行首问负责制，首先接触顾客投诉的员工必须对投诉进行全程跟踪，直至有相关管理人员介入后，其修复职责才宣告结束。对于在服务修复行为中所发生的多部门员工互相推诿或互相包庇的应该实施处罚。而对正确处理好客人抱怨和投诉、能保持顾客满意度的员工则应给予奖励，通过激励措施使员工更加积极地参与修复工作，保持顾客的满意度。在服务修复中，保证每一次服务修复行为有事实、有责任、有处理、有效果，对于在修复过程中受委屈的员工，可以给予受委屈奖。

（四）向导

服务过失的原因和征兆是多种多样的，对于服务人员而言，过失的起因既可能是本岗位的问题，也可能是其他岗位甚至是其他部门的问题。面对如此纷繁的服务过失，酒店应该制定一套服务修复的向导制度，对于一些比较常见的服务过失制定专门修复的程序和策略标准，而对于不常见的服务过失则可以制定基本的修复原则，让员工有方向可循，能最快最有效的实施修复策略，不至于在反复的磨蹭中导致过高的修复成本，给酒店造成更大的损失。当然，当服务修复行为结束之后，酒店应该及时进行总结，根据实践的需要改良类似服务过失的修复标准和修复原则。

三、酒店服务过失的预案

既然服务过失有时不可避免，企业就要正确认识服务补救，制定原则和补救预案，以防万一。

（一）重视服务过失的预防工作

酒店应重视服务补救，其目的是在于使每一位员工都清楚，顾客满意是一切经营活动的指南，服务补救是一件正常而且十分必要并且重要的工作；另一方面也向顾客传递一条强有力的信息，酒店是十分重视顾客满意的。尽管大部分顾客愿意原谅失败。但如果酒店面对服务过失和顾客的不满不采取任何服务补救努力，那就不可原谅了。所以，酒店要高度重视服务补救工作，制定出服务补救工作的必要程序和相应标准要求。

（二）坚持及时有效的补救原则

即服务过失一旦发生马上进行服务补救。美国服务业质量管理奖的获得者帕特里克·米恩（Patrick Mene）创造了"1～10～100"的服务补救法则，即出现服务过失后，当场补救可能要使企业花费1美元，第二天补救的费用就会是10美元，而以后进行补救的费用会上升到100美元。迅速补救是企业挽回损失的一件法宝。

（三）建立让顾客发出不满的渠道

顾客的抱怨是我们获得市场信息的重要途径，使我们最快、最直接、最准确、最低成本了解市场信息。因此，建立接受顾客抱怨的管理信息系统，告诉顾客如何投诉，使他们知道该跟谁讲，过程是什么，涉及什么等等。如果酒店采取一些措施让顾客知道不满应向谁诉说，既鼓励和方便不满意的顾客进行投诉，又给酒店一个改正的机会，还避免了不满意顾客在社会上的负面宣传。

（四）授权员工，确立服务补救权限

一般顾客首先将不满向身边的服务人员诉说，因此，服务补救工作在很大程度上取决于接受顾客投诉的一线员工的工作。因此服务补救管理工作必须侧重一线员工，使每一位员工明白应该积极发现顾客的不满，积极解决顾客的投诉。使员工明确在服务补救中承担的角色、责任与权力，特别是解决好授权问题，良好的授权能够改善员工的工作态度，使他们不需向上级请示或向其他部门求助，根据顾客的不同情况与要求灵活处理，大大提高反应速度，从而增加顾客的满意程度。但授权不当也可能引发问题，因此必须确定授权的边界——"安全边界"，

即权限的范围、赔偿金额范围等。

（五）向顾客道歉是服务补救的起点

服务补救开始于向顾客道歉，这是解决服务失败的浅层策略。顾客的光临表达了对酒店的信任，酒店应尽一切努力提供其所需服务，当顾客感到不满时，应有人向其道歉。虽然一些服务失败由服务的异质性的特点所决定的，服务失败的风险是服务企业固有的特征。但当顾客不满、抱怨时，要真诚的道歉，争取他们的谅解，及时与他们沟通相关信息。道歉解释既是对顾客的一种尊重，也是与顾客很好沟通，重新赢得顾客信任的过程。

（六）采取解决问题行动是服务补救的核心

顾客和企业的目的都是希望问题得到解决，道歉解释是必需的，也是表面的，只有当酒店人员迅速采取行动，为纠正错误而努力时，才证明它对顾客的重视。假如酒店对客人的不满反应迟钝，或无法证明它对此采取一些行动，那么顾客就很容易感到酒店并不关心他们的事情，甚至会感到更加不满。一个未被解决的问题可能会使问题的严重性升级。但是如果员工积极迅速采取行动，并采取艺术的解决方法，结果会适得其反。

在解决问题的过程中，要及时向顾客反馈问题解决的进程，使其了解企业解决问题的诚意，也有利于平复顾客的情绪。

（七）为顾客提供必要合理的补偿

某些给顾客带来损失的服务失败发生时，仅仅向顾客表示道歉、理解和同情，并提供协助，只能是缓解或消除顾客的不满情绪，不能使顾客满意。这时，对顾客由于服务失败而付出的时间或心理代价提供一些补偿更为有效。向顾客表明酒店愿意为他的失望负责，愿意为它的服务失败承担一定的损失，虽然从表面上看增加了成本，但却提供了顾客重新评价酒店服务质量的机会，使顾客满意，实现顾客的忠诚，最终实现利润的持续增长。

（八）总结经验，重新设计酒店服务系统

通过服务补救，我们能够获得一些在原有的服务体系中需要改进的信息，结合对服务流程、人力资源、服务系统和顾客需要进行分析，可以找出服务过失的"高发地段"，并采取措施，做出调整，防患于未然，使服务补救取得更好的效果。

任务四　酒店服务过失事故的应急处理

一、酒店服务过失处理的策略

酒店服务过失不可避免，许多酒店，由于对服务过失处理不恰当，导致部分

顾客流失。能否有效地进行服务补救，对酒店留住顾客、提高顾客忠诚度和增加收益具有积极意义。因此，酒店在处理服务过失时，宜采取以下对策：

（一）树立"零缺陷"理念，争取一次做对

必须遵循服务质量第一的原则，在第一次把事情做对，避免过失，顾客们就能得到他们所希望的预期。亨利·阿塞尔认为，当商品的实际消费效果达到消费者的预期时，就导致顾客满意；否则，则会导致顾客不满意。第一次做对，体现了员工服务的可靠性，是所有行业关于服务质量的重要量度，酒店员工和管理者的目标是让每个顾客满意，并且寻找改善服务的方法。为此，酒店要用"零缺陷"文化理念培育员工，使员工树立"零缺陷"理念。

（二）服务补救措施与服务过失相匹配

一般而言，顾客不满源于服务过失的出现，不同的服务过失，对顾客造成的损失在性质和程度上也有所不同。研究表明，顾客对补救措施的感知是否公平会受服务过失特征的影响。在服务补救的应用中，可理解为补救形式和力度应与企业对顾客损伤所应承担的责任一致。对酒店来说，应该首先确认服务过失情境，提供与之相匹配的补救措施，才能使补救资源发挥最大的效益。对于严重的服务过失，酒店应该给予顾客尽可能多的物质补偿与心理安慰；而相对不严重的服务过失，一般采取主动解释和真诚道歉的方式就可以起到很好的弥补作用。

（三）让顾客在服务补救过程感受到公平

发生服务过失事件时，若未能采取有效补救，则可能会造成顾客的流失，对业者而言是莫大的损失。研究显示，顾客满意度会受到分配公平、程序公平、交往公平的影响，也就是说能让顾客觉得公平也可以提高顾客整体满意度。顾客虽然因为服务过失的发生而产生负面的认知，但服务提供者若能提出有效的服务补救措施而使得顾客在分配公平、程序公平、交往公平上产生正面评价，将有助于顾客整体满意度的提高。因此，一旦发生服务过失，应该及时补救并设法让顾客感觉到这些服务补救措施是公平的，以降低服务过失对顾客所造成的影响，提升服务补救后的顾客满意度。

（四）快速妥善处理服务过失

当出现服务过失后，如果不能快速反应，很可能会导致矛盾升级，进而影响顾客满意度，所以酒店应快速反应处理服务过失。要想提高响应速度，必须对员工进行培训和授权，使问题在发生后尽快解决。在受理的服务过失投诉中，约有65%是由一线员工接收到的，所以一线员工的快速反应补救水平直接影响服务补救的效果。因此，一线员工既要具备处理投诉的能力和技巧，又要有一定的权利，酒店应当对一线员工进行适当的授权。

（五）提供多种补救方案供顾客选择

如果酒店能提供多种补救方案供顾客自由选择，顾客不仅能从中选择出适合自己的补救方案，而且能够增加顾客对补救过程的控制感，提高其对程序公平的感知。酒店要做到补救过程中的政策、程序处理的灵活性，充分听取顾客的意见，针对服务过失制定多种可行性方案供顾客自由选择。

（六）增强员工服务补救意识

心理补救会影响顾客对交往公平的感知。在所有服务补救属性中，与交往公平密切相关的心理补救成本最低，因此，可在这方面加强或在有限的成本内使有形补偿与心理补救取得平衡。要提供高质量的心理补救，酒店必须通过培训教育去增强员工的观念，设定心理补救措施。

（七）实施内部服务补救

内部服务补救和外部服务补救是一个问题的两个方面，两者相互影响，相互促进。企业的利润来自顾客的忠诚，这种忠诚来自顾客对服务系统的满意度，而顾客的这种满意度由满意的、忠实的、有效率的员工产生。因此，酒店应该重视内部服务补救，通过内部服务补救使外部顾客达到满意的同时也要使内部的员工感到满意，它包括使员工从处理顾客抱怨时可能发生的糟糕情绪中恢复过来，使他们更有信心地去工作，最终使顾客达到满意。

（八）提高服务补救水平

对酒店来说，服务补救也是一次学习的机会，通过处理服务过失，酒店可以发现经营过程中潜伏的危机及问题的根源，及时地解决问题，提高管理水平。酒店可以将服务补救的相关信息输入顾客数据库，以分析是否有些模式或系统性的问题需要改进。

二、酒店服务过失的处理程序

（一）确认服务过失

客人抱怨产品质量有问题时，酒店首先应深入了解顾客不满的原因，发现服务工作存在的各种问题，确认了过失才能有效地进行修复。顾客抱怨及其反馈是酒店确认服务过失的一种重要方法，酒店管理人员只有听取或得知客人的意向、投诉后，才能更有效地做好修复工作。但有些顾客因为怕麻烦而不愿投诉，作为酒店应该消除这一障碍，为不满顾客设置沟通渠道，以便酒店准确地找出服务的不足之处，即时进行修复。为此，酒店可以通过服务标准明示，让顾客了解相关的服务程序，通过保证形式，让顾客合理的抱怨、鼓励合理的投诉。酒店通过客人的投诉发现问题、确认问题、解决问题。

（二）重视并及时解决客人的问题

很好地了解宾客所提出的问题，必须认真地听取客人的诉说，以便使客人感到酒店管理者十分重视他的问题，最有效的修复就是酒店一线服务员能够主动出现在现场，承认问题的存在，向顾客真诚的道歉，同时，还要由酒店高级管理人员（如：餐饮部经理、酒店总经理）出面，给顾客挽回一点面子，并将问题解决。解决的方法很多，可以是服务升级，也可以是对顾客进行适当的赔偿。去年，福建省政协会议期间，由于会议订房，福建西湖大酒店天天爆满，但仍有很多顾客慕名而来，此时，如果酒店将客人拒之门外，虽不算错误，却会损坏顾客心中已形成的对酒店的好印象，为此，酒店安排出一名大堂副理专门做好接待、公关工作。当客人一走进酒店，服务小姐立即走上前去，请客人入座后，奉上热茶，然后略带歉意地说："十分抱歉，我店客房已满，请允许我代您联系其他宾馆。"这一真诚之举感动了顾客，很多宾客立即提出预订房间，这就是"服务升级"带来的收益。

（三）改进服务质量

在实施服务修复行为之前，顾客投诉抱怨的受理人员应认真收集、记录顾客的反馈资料，并将其整理分类，评估抱怨内容，查找抱怨的原因，分析抱怨是出于服务态度、服务方式、菜肴品质等服务环节，还是由于服务设施条件等原因，对出现的原因有效分析有助于酒店做好修复服务。

服务修复不仅是弥补服务裂缝增强与顾客联系的良机，它还是一种极有价值的信息资源，它能帮助提高服务质量，但却常被忽略而未能充分的利用。通过对服务补救整个过程的追踪，管理者可以发现服务系统中一系列有待解决的问题，并及时修正服务系统中的某些环节，进而使同类服务过失现象不再发生。

模块十二　酒店安全隐患危机管理

【能力培养】

1. 了解酒店安全隐患危机管理的基本概念和基本思路；
2. 树立酒店管理中安全第一的观念，"没有安全就没有酒店行业"；
3. 掌握酒店各种类型安全隐患的应急处理方法；
4. 掌握酒店各种类型安全隐患的预防机制；
5. 应用所学的知识分析具体案例。

炸弹还是"诈弹"

2008年12月17日上午11时7分，酒店接到一名陌生男子的恐吓勒索电话，称他已安装了炸弹，若不满足他的要求，随时要引爆炸弹。总经理接到消息后，即时启动了"恐吓电话以及爆炸物的处置预案"，立即成立了由总经理和各部门总监、经理组成的紧急应对指挥部。

指挥部短暂碰头后，随即下达了一系列指令：1. 保安部负责、各部门配合，立刻进行酒店内部的炸弹排查任务；2. 保安部经理负责立即向公安部门报案；
3. 由行政办负责接听所有可疑来电，尽量拖延时间，以掌握对方的各种特征；
4. 总机房启动电话录音，锁定对方来电，并及时将来电号码向保安部经理报告；
5. 通知酒店宿舍休班的保安员迅速赶回酒店，按照程序进行排查、控制各出入
口，加强盘查可疑人员；6. 迅速打印全部住店客人名单和值班员工名单；7. 消
防监控室增派人手；8. 对酒店重要机房设备如锅炉房、配电房等安排人员驻守；
9. 统一口径，由公关部负责对外宣传等工作；10. 马上通知各外包单位配合酒店
的排查工作，保持镇定；11. 立即上报管理公司。

　　公安机关赶到酒店后，由酒店方和警方在会议室当即成立了紧急处置办公
室，在此期间，犯罪嫌疑人分别于 12 时 22 分和 34 分打进来恐吓勒索电话，驻
店经理接听电话时与之斗智斗勇，将通话时间拖延 8 分钟之久，公安机关分析电
话录音和锁定的来电号码后，与酒店人员一同分析案情，判断该案应属于"诈
弹"。林总为了安全，要求各部门在破案前仍不能有丝毫放松，保安部划定递苑
酒店的广场为临时疏散点。直至下午 2 时，酒店并未发生事故，方决定恢复经营
秩序。经过警方的积极追捕，最终于 12 月 19 日赶往上海市，将犯罪嫌疑人抓
获，危机全面得以化解。

　　资料来源：李庆瑜，《危机公关：临危受命　转"危"为"机"?》，广州日报 2009 - 04 - 30

　　在酒店完善的危机预警机制中，针对日常经营中可能遇到的方方面面的"危
机"，都提出了一套相应的处理方法，内容广泛，细节甚至涉及：如何应付饮食
挑剔的客人，如何处理有宗教信仰的客人提出的各种要求，如何应付客人突发疾
病，如何应付裸奔的客人，如果有客人要自杀该怎么办……

　　酒店的安全问题涉及酒店管理的方方面面，任何安全问题的发生都会影响酒
店形象，减弱顾客忠诚，损害酒店可持续发展的基础。但是在实践中，很多酒店
的规划设计缺乏安全考虑，服务操作不注重细节安全，由此而带来大量诸如公共
恐怖行为、隐私安全、主客暴力冲突等形形色色的安全问题。与此相反的是，顾
客对酒店安全的关注程度却越来越高。因此，建立一个科学系统的安全隐患危机
管理体系，是酒店预防安全问题、减少安全成本、增加安全收益的必然举措。

任务一　酒店安全隐患危机概述

一、酒店安全隐患事故概念

　　安全隐患是指在生产经营活动中存在的可能导致不安全事件或事故发生的物

的危险状态、人的不安全行为和管理上的缺陷（如：用电，用火等，都可能存在安全隐患）。

酒店安全隐患事故是指在酒店所负责区域内，突然发生的对客人、员工和其他相关人员的人身和财产安全，造成或者可能造成严重危害，需要酒店采取应急处置措施予以应对的火灾、自然灾害、酒店建筑物和设备设施事故、公共卫生和伤亡事件、社会治安事件，以及公关危机事件等。

二、酒店安全隐患事故类型

酒店安全问题涉及范围广泛，每个部门有专属的安全问题、员工安全技能的局限会导致安全问题、客人安全素质缺乏会带来安全问题、服务操作中也隐藏着大量的程序性和认识性错误。由于来源广、隐患多，酒店的安全问题并不仅仅局限于消防安全问题和食品卫生安全问题，各种可能在社会上发生的安全问题同样可能会发生在酒店，这使酒店安全问题显得十分复杂。

酒店安全隐患事故[①]主要包括：

（1）消防事故，主要是火灾。

（2）治安事故，主要是以盗窃为主的犯罪行为。

（3）卫生安全事故，如食物中毒等。

（4）设施安全事故，如电梯夹人、浴室滑倒等。

（5）爆炸事件，包括蓄意破坏、伤人事件；爆炸自杀行为以及因违反安全操作规程或不明原因的爆炸事故等。

（6）暴力事件，指因社会上违法犯罪分子在酒店发生抢劫、凶杀、暗杀、枪杀等暴力事件。

（7）卖淫嫖娼事件。

（8）精神病人等闹事者肇事。

三、酒店安全隐患事故危机管理特点

我国酒店业近几年发展迅猛，新酒店在全国各地蓬勃兴起，2008 年年末，全国共有星级酒店14099 家[②]。现代酒店是开放式的经营企业，是为住店客人和社会公众提供住宿、餐饮、社交、娱乐、健身等活动的公共场所。随着社会的变化与发展，酒店安全隐患事故危机管理工作出现了一些新的特点。

---

① 注：消防安全、治安事故和卫生安全在其他章节中已阐述，所以本章不再重复。
② 资料来源：《2009 年中国饭店业发展状况及未来展望》，选自《旅游绿皮书——2010 年中国旅游发展分析与预测》，社会科学文献出版社。

项目三　实践篇之内部因素

（一）依法性

随着我国法制的健全，公民法律意识的提高，酒店在危机管理中要依法行事。从目前的情况来看，侵犯客人人身权的事件在酒店业不时发生。2008 年国务院公布的《保安服务管理条例（草案）》明确规定保安员不得有限制他人自由、违法搜查他人身体等情况。酒店在处理各种安全问题时，要懂得维护客人的合法权益，要依法处理各种涉法问题。保安在处理有关安全事故、事件中需要掌握有关的法律知识。这些知识涉及合同法、消费者权益保护法、民法、刑法等诸多法律部门，涉外酒店的保安还应当懂得一些国际酒店法规和国际惯例知识。

客人在大堂摔倒

某酒店大堂地面打蜡，当时是晚上 12 点，本是例行工作，多少年来从未发生意外，由于地面打蜡后甚为湿滑，清洁工人都非常小心，在工作场所的周边设有安全围栏，并设有警告的标志。不料，一位女客人跨越围栏进入工作区域，因而滑倒，一屁股坐下，因身胖体重，造成骨盆摔伤，紧急送往医院。酒店承诺负担医药费、道歉、负责赔偿，哪知客人竟一声不响地告上了法院。当初，酒店以为已经尽到预防的责任，已设有安全围栏，又有警告标志，但司法人员在查看现场后，仍责备酒店有疏忽的过失，却也言之有理。他说，一楼施工，围栏设在电梯口，就应该不让电梯在一楼停，有人从电梯出来，怎么可能不跨越围栏？此外，还应该在地下一楼设下围栏及警告标志，警告行人应从另一方向上楼，这才算是尽到防范的责任。所谓疏忽的过失，是"应该注意且能注意而不注意"。在本案例中，酒店虽然已有所注意，但仍不算周全，所以难免其责。

资料来源：《酒店安全事件案例》，豆丁网（www.docin.com/p‐434405776.html）。

评析：

处理意外事故的专案小组由主管人员负责召集，最好是保安主管，因其立场较为客观，且与公安机关、司法机关较为熟悉，并较了解法律知识。酒店对每一事件的处理过程都要能确实掌握，以本案中引起事端的清洁单位来说，认为自己已经尽到警戒责任却仍被告诉将承担法律责任，颇感委屈，似乎不能接受教训。从此看来，酒店对相关部门工作人员培训中有关安全意识以及相关法律法规的培训尚欠缺。《消费者权益保护法》中对于经营者的义务规定"经营者应当保证其提供的商品或者服务符合保障人身、财产安全的要求。对可能危及人身、财产安全的商品和服务，应当向消费者作出真实的说明和明确的警示，并说明和标明正确使用商品或者接受服务的方法以及防止危害发生的方法。""经营者发现其提供的商品或者服务存在严重缺陷，即使正确使用商品或者接受服务仍然可能对人身、财产安全造成危害的，应当立即向有关行政部门报告和告知消费者，并采取防止危害发生的措施。"

自旅客缴费或者登记入住宾馆时起，旅客与宾馆形成了以住宿、服务为内容的消费合同关系，宾馆除应当向旅客履行提供与其收费标准相对应的房间设施、环境、服务等义务外，还应履行保护旅客在住宿期间人身安全和财产不受非法侵害的合同义务。本案中，原告入住被告处，在被告处滑倒并造成人身损害，因此所造成的损害赔偿责任应当由被告承担。

所以，酒店作为经营者，有义务保障消费者的人身、财产安全，不管发生什么意外，从无过错原则来考虑，作为经营者的酒店都有保障消费者安全的义务。因此，酒店应当有安全服务意识，具备合同法、消费者权益保护法等方面的法律意识，防患于未然，保护酒店的利益。当出现侵犯客人权益的事件时，要维护客人权益，依法行事。

（二）复杂性

现代酒店的性质就是为社会大众提供各种服务的公共场所。因此，每天有大量的人员进出，客流量大，人员复杂，往往犯罪分子也混入其中进行作案，还有的犯罪分子隐藏在酒店住宿。开酒店的目的就是要创造效益，尤其在客源不足的情况下，一些酒店更不愿得罪客人。"客人是上帝"、"客人总是对的"，已为众多酒店接受。但一些犯罪分子往往利用这一特点，选择酒店作案。近年来，还出现了专门以酒店为作案对象的犯罪分子和集团，给酒店安全防范工作带来了极大的困难。

多角色的诈骗[①]

一天傍晚，北京某酒店服务总台的电话铃响了，服务员小姐马上接听，对方自称是住店的一位美籍华人的朋友，要求查询这位美籍华人。小姚迅速查阅了住房登记中的有关资料，向他报了几个姓名，对方确认其中一位就是他找的人，小姚未思索，就把这位美籍华人所住房间的号码818告诉了他。

过了一会儿，酒店总服务台又接到一个电话，打电话者自称是818房的"美籍华人"，说他有一位谢姓侄子要来看他，此时他正在谈一笔生意，不能马上回来，请服务员把他房间的钥匙交给其侄子，让他在房间等候。接电话的小姚满口答应。

又过了一会儿，一位西装笔挺的男青年来到服务台前，自称小谢，要取钥匙。小姚见了，以为果然不错，就毫无顾虑地把818房钥匙交给了那男青年。

晚上，当那位真正的美籍华人回房时，发现一只高级密码箱不见了，其中包括一份护照、几千美元和若干首饰。

评价：

按酒店通常规定，为了保障入住客人的安全，其住处对外严格保密，即使是了解其姓名等情况的朋友、熟人，要打听其入住房号，总台服务员也应谢绝。变通的办法可为来访或来电者拨通客人房间的电话，由客人与来访或来电者直接通话；如客人不在，可让来访者留条或来电留电，由总台负责转送或转达给客人，这样既遵守了酒店的规章制度，保护

---

① 案例选自：《福建美食网——酒店前厅安全意识案例》http：//www.fjccc.com/html/jiudianguanli/jiudiananlifenxi/20090228/33487.html。

了客人的安全，又沟通了客人与其朋友、熟人的联系。本案例中打电话者连朋友的姓名都叫不出，令人生疑，总台服务员更应谢绝要求。

此外，"美籍华人"电话要总台让其"侄子"领了钥匙进房等候，这个要求也是完全不能接受的。因为按酒店规定，任何人只有凭住宿证方能领取钥匙入房。凭一个来路不明的电话"委托"，如何证明来访者的合法性？总台服务员仅根据一个电话便轻易答应别人的"委托"，明显地违反了服务规程，是很不应该的。

总之，总台服务员只要提高警惕，严格按规章制度办，罪犯的骗局完全是可以防范的。

资料来源：《酒店前厅安全意识案例》，福建美食网（http：//www.fjccc.com/html/jiudianguanli/jiudi-ananlifenxi/20090228/33487.html）。

（三）广泛性

酒店安全隐患危机管理工作涉及每个部门、各个工作岗位和每位员工。酒店安全管理主要由保安部门负责，但由于酒店的特点，必须有各部门的通力合作，依靠全体职工的共同努力。酒店要搞好自身的安全管理工作，就要将安全工作与各部门的岗位职责、工作程序结合起来，要依靠各部门和全体员工的共同努力，在全酒店形成一个安全工作的网络系统。只有酒店各级领导和全体员工都增强了安全管理意识，每个人都注重安全，酒店安全隐患危机管理才会有保障。

（四）长期性

据公安部统计，2009年我国的各种刑事案件达到了562295起[1]。由于种种原因，这些刑事案件不可能在短期内在我国消失，所以侵害酒店的各种不安全因素也将会长期存在。酒店内有大量的资金和财物，是外来不法分子和内部某些不良职工进行偷盗活动的目标。很多社会上的作案手段和方式也出现在酒店。酒店在安全管理上一旦出现漏洞，外来不法分子和内部个别职工就会乘机作案。

（五）突发性

发生在酒店内的各种事故、事件都有很强的突发性，如火灾、抢劫、凶杀、爆炸等。例如，2007年9月16日湖南浏阳市浏阳酒店突然发生爆炸，造成9人死亡，25人受伤。

---

[1]　数据来源：检察日报北京1月26日，《2009年全国检察机关批准逮捕黑恶势力犯罪案件1792件8316人》，http：//news.jcrb.com/xwjj/201001/t20100127_305075.html。

婚宴上的突发闹事①

10月5日晚，新郎程某与新娘吴某在宴会厅举办婚宴。婚宴进行到19时10分，新郎程某的儿子（前妻之子）因心里有怨恨，于是叫过来六七名社会上的朋友来搅乱婚宴现场。这时婚宴将近结束，大部分参加婚宴的客人已离店，其子与新郎发生口角。因是其内部事务，加上宾朋好友又都在劝架，当时服务员也不好直接干预此事。后事情发展到在争吵中其儿子用小刀将新娘的哥哥腹部捅了一刀，后背处划了两刀。这一帮人肇事后迅速离开酒店。

保安接到报警后，当班领班小朱立即召集岗位上当班人员于三分钟后火速赶到三楼现场，至三楼客梯口时碰到一位满身血渍的客人（新娘哥哥）被四五个人拥扶着进了电梯，并送往医院（后在中心医院查明系轻伤，无生命危险，住院治疗）。此时，婚宴现场秩序已恢复正常，当班领班小朱向服务员了解相关情况并且找到婚宴负责人征求处理意见。因为事情的特殊性，考虑他们自己内部的事务，新郎又是在社会有影响力的人物，双方人员都有所顾忌而不主张报警。最后，新郎考虑到事情的严重性而报110处理。

资料来源：《饭店安全管理案例汇编》，http：//www.doc88.com/p-99650353136.html。

分析：虽然此事件发生有一些不可预料的因素，但员工还缺少对客人及婚宴现场的关注程度。对于保安部来说，对一些大型活动的适度监控是必需的。如果酒店制定了此方面的流程，则可以提前介入，制止此类事件的发生。

（六）艰难性

从酒店发生的各类安全事件来看，有些案发原因与客人安全意识不强有关，甚至有的案件是由于客人引狼入室而遭到杀身之祸。随着我国经济发展，许多有钱人经常光顾酒店，而这部分人的文明程度各异，有些人进店后频频会客；吸烟时不注意防火，增加了安全管理的难度，给酒店安全埋下了很大的隐患。此外，酒店内每天聚集着大量的人员，有客人、职工，还有其他各类外来人员，难免发生一些意想不到的事故，其中包括人员伤、病、正常和非正常的死亡及其他一些意外事件。

针对以上这些安全管理工作的特点，酒店应当根据自身的特点制定一套适合本酒店情况的应急预案。平时要对员工加强培训，随时做好处理各种突发事件的准备，还要不断进行演练，只有这样在发生突发事件时才能临危不乱。

四、酒店安全隐患事故危机管理方针

酒店安全隐患事故危机管理的基本方针是"安全第一、预防为主、综合治

① 资料来源：饭店安全管理案例汇编 http：//www.doc88.com/p-99650353136.html。

理"。酒店要正确处理安全与经营效率、效益的关系，在安全与效率、效益发生矛盾时，要把安全放在首位。保证安全生产的资金投入，各项设备、设施要符合安全生产的要求，发现事故隐患必须及时消除。酒店的安全隐患事故危机管理要靠企业全体人员的共同努力完成。

（一）安全第一

在处理保证安全与实现酒店经营活动各项目标的关系上，要始终把安全特别是相关人员的人身安全放在首要位置。

（二）预防为主

酒店的安全工作要防患于未然，要谋事在先，尊重科学，探索规律，采取有效的控制措施，预防事故的发生。酒店要严格按照法律、法规的规定，从安全生产条件、安全生产责任制、安全生产保障措施、从业人员的教育培训、应急救援预案等方面做好工作，将酒店的安全事故隐患消灭在萌芽状态。

（三）综合治理

酒店的安全管理不是某个人、某个岗位、某个部门的事情，而是酒店全体员工的事情。每个从业人员都要牢固树立"安全第一、预防为主、综合治理"的意识，严格执行岗位安全生产责任制，增强自我保护意识，任何时候都不能违章作业，对危及安全的违章指挥应当拒绝执行。

五、酒店安全隐患事故处理方案的制订

（一）制定实施预案的主要内容

酒店内发生具有社会危害性和灾害性的事件，主要有三个方面：一是破坏性事件，如放火、爆炸等；二是重大刑事犯罪活动，如抢劫、绑架、凶杀等；三是群体扰乱公共场所秩序的治安事件。酒店安保部要针对这三方面问题结合具体情况，制定处置预案。

意外事件的性质不同，预案所反映的内容也有区别。但就意外安全事件的共同属性而言，预案应包括下列主要内容：

1. 建立处置意外事件的指挥机构

意外事件指挥机构一般分二级：店级指挥机构和安保部指挥机构。要规定指挥机构的领导成员及其职责范围，要明确无论什么时候发生意外事件，指挥机构都能在自己的管辖范围内作出处置决策。当意外事件危害酒店全局利益时，店级指挥机构负责指挥和协调，应调动全酒店的安全保卫力量和各部门人员按预案程序采取行动。安保部指挥机构除积极配合店级指挥机构工作外，主要负责某一个部门发生的一般意外事件的处理。

2. 建立统一的报警和信息传递程序

酒店发生意外安全事件，一般由内部员工发现。在预案中制定的报警程序，一般规定应该先向酒店安保部报警，酒店安保部在初步了解事件性质的情况下，即向有关公安部门和上级领导汇报。同时，接受指挥部门的指令，采取处置措施。指令传递、信息反馈要做到迅速及时，上下联系渠道畅通。

3. 处置力量的部署和具体任务

一般力量部署有以下几个方面：

（1）现场守护力量，负责警戒，防止现场遭受破坏；

（2）抢救排险力量，负责受伤人员的抢救，排除灾害险情；

（3）调查取证力量，负责现场录像、照相和对有关人员的访问；

（4）捕捉和堵截罪犯力量，发现肇事或破坏分子要及时捕捉，并认真看管，逃离现场的要布置各通道出口堵截；

（5）联络配合力量，负责与公安部门及酒店各部门的联系，配合公安人员开展查处工作；

（6）机动力量，负责支援工作；

（7）保护力量，发生任何危害性的破坏事件，要组织一定力量对重点部位加强保护；

（8）宣传和疏导力量，负责客人的安全宣传和组织疏散。

（二）制定实施预案的原则和方法

1. 制定实施预案的原则

（1）客人安全第一

在制定和实施预案过程中，要以维护客人利益、保障客人人身、财产安全为前提。此外，还必须考虑到客人心理上的影响。如果有效地处置了各类治安灾害事故，但在处置过程中方式不妥，波及众多客人，必将影响客人心理上的安全感。因此，预案要体现使客人能在最大限度的安全和在心理影响上缩小到最低限度，要做到使酒店的秩序尽快恢复正常，实施行动要快速而有条不紊。这样才能达到外不慌、内不乱，维护好酒店的安全信誉。

（2）统一指挥，协调配合

预防和处置意外事件是一项整体性的行动，只有实行统一指挥、各方协调配合，并按预案的具体分工、各司其职，才能完成总体任务。因此，在预案中要拟定每一个不同层次的管理人员和基层员工所具有的岗位职责以及接受命令，按一定程序执行任务的方法。

（3）依法办事、讲究政策和策略

酒店发生意外事件，在处置过程中会出现各种情况，要考虑到酒店本身的复杂性。不管事件性质如何，涉及对象是谁，都必须遵循法律程序，实事求是地，合情、合理、合法地进行处理。但对有些事件，还要讲究政策和策略。如酒店公共场所发生群体性的治安紧急事件时，首先要认识到这类事件的特征。这类事件的发展，一般需经过接触与摩擦、情绪感染、集体激动的过程。有的事件发生之初，并非是群体行为，而由各种因素的作用，诱发原来与事件无关人员卷入事件之中，致使事态扩大。其次要找产生的原因。如果是管理工作失误引起的，要及时纠正，消除对立情绪，并注意有关人员的动向，做好解释和稳定情况的教育工作。

2. 制定实施预案的方法

（1）调查研究、拟定预案

酒店的专门预案，主要由安保部制定。安保部在制定专门预案时，要针对酒店的具体情况，开展调查研究。如治安状况、四周环境治安特点以及直接危害酒店安全的行为和易发生治安灾害事件的部位等，先拟定预案的设想方案。

（2）征求意见，修正预案

安保部拟定预案后，要广泛征求意见，进行必要的修改。一般征求意见的范围是：单位领导的综合性意见；部门领导的可行性意见；有关政府部门的业务指导性意见；群众接受程度的意见。

（3）领导批准，组织落实

安保部制定预案后，要上报酒店经理批准并转发各部门贯彻落实。同时，安保部要开展业务指导，组织实施和检查督促。

（4）定期演练，充实完善

预案制定后，安保部要定期组织有关人员演练，强化操作技能，提高员工整体作战和快速反应能力。对演练中暴露出的问题，可及时在预案中充实完善，使预案更切合实际。

任务二　酒店设施安全危机管理

酒店是进行政治、商务、社交、食宿、娱乐的主要场所，具有高层建筑多、地下设施多、电器设备多、人员聚集多、可燃材料多等特点，一旦发生安全事故，经济损失大、人员伤亡大、救援难度大、社会影响大。随着社会经济的快速发展，安全生产在生产经营活动中越来越重要。因此，酒店在建设和改造过程中，要不断补充安全设备设施，不断完善安全管理，以达到保障安全的目的。

一、案例分析：中秋聚餐——酒店旋转门把 11 岁女孩夹成颅脑骨折①

（一）案情介绍

2007 年 9 月 26 日凌晨 1 点多，一位 11 岁姓曹的女孩被推出市中医院手术室，然后住进了外科重症监护室——颅脑骨折、脑挫裂伤，术后浅昏迷，还没脱离危险。

女孩爸爸曹先生说，女儿是前晚 6 点 40 分左右出的事情——在一家酒店，被旋转门夹住了脑袋。当时一大家人正在莫干山路上的一家酒店中秋聚餐，女儿跑出包厢到酒店门口等迟到的舅舅。曹先生说，等他们到酒店大堂时，只看到酒店服务人员抱着女儿，她头上流着血，没有意识，身上、地上有呕吐物。至于怎么被旋转门夹住，他不知道。曹先生和酒店工作人员立即把女儿送往市中医院急救。酒店负责人说，女孩子是夹在旋转门和边门框之间大概 7 厘米宽的凹槽里。他们也非常意外女孩的头怎么夹进去的。无论如何，目前第一要做的是救人，其他的事情他们会全力去配合解决。晚 6 点多，女孩的负责医生董医师说，女孩子伤情比较重，需要随时监护，脱离危险要看一周后的情况。至于会不会对以后的智力产生影响，目前还很难说。

资料来源：中秋聚餐——酒店旋转门把 11 岁女孩夹成颅脑骨折：网易新闻（http：//news. 163. com/07/0927/08/3PCQ2QC400011229. html）。

酒店旋转门伤人并不少见，北京、山东、上海、辽宁、浙江都有，受伤多是儿童。而且旋转门夹住儿童后，施救还很麻烦，多起事故有消防参与。类似事故有：

2007 年 8 月 22 日，快报《新闻超市》报道：8 月 21 日上午，一 4 岁女孩在临安大酒店大厅玩耍时，右手被夹在旋转玻璃门的门缝里。消防员把洗洁精抹在女孩手臂上，以减少摩擦的疼痛，同时切割旋转门，15 分钟后，取出了女孩的手。

2007 年 6 月 14 日晚，一 3 岁男童在北京市永兴花园酒店被旋转门夹住头部，严重受伤，在送往医院的途中停止了呼吸。

2007 年 6 月 24 日中午，在河南省郑州东明路的黄淮宾馆，一对 7 岁双胞胎姐妹随家人过旋转门时，姐姐左腿被旋转门夹住近 1 小时。最后，消防员用手动液压撬门器将门缝撬开，救出女孩。

（二）案例评析

最近，在全国各地发生数起自动旋转门夹人、轧人事故，各地媒体给予报

---

① 资料来源：网易新闻，http：//news. 163. com/07/0927/08/3PCQ2QC400011229. html。

道，引起人们的高度关注。自动旋转门在我国已有多年的发展历史，和普通门相比，旋转门以其外观高档、气派、密闭性好等优点受到诸多酒店、商场的欢迎，但旋转门夹伤人的事件时有发生，不少旋转门没有安全警示标志，安全状况不容乐观。尽管在旋转门产品的设计、加工、安装及使用过程中采用了各种安全措施，但是不能完全避免在使用过程中存在一定的风险，如同电梯、汽车一样。那么，旋转门事故一般是由什么原因引起的呢？旋转门在使用时要注意哪些方面呢？

（三）旋转门事故原因分析

（1）未按照标准生产或劣质产品。为降低成本，简化设计，从而降低使用安全度。

（2）未按照要求使用。

（3）偶然因素的影响。

（四）旋转门在使用中特别需要注意的地方

随着标准规范的完善，旋转门的使用安全性将会大大提高。对于正常便用的旋转门，通常要注意以下几点：

（1）严格遵守门上的安全警示提示；

（2）顺序通过，严禁拥挤及抢行；

（3）儿童应在成人带领下通过；

（4）运转过程中不要尝试用非正常方式制动；

（5）遇到问题时及时申请救援。

酒店有关部门应当注意，对于有可能产生危险的设施设备要关注，标注明显的安全警示，派专人随时看护，特别是有老人、小孩等特殊客人，要帮助其使用旋转门，定期进行设备检修，排除障碍。如果发生意外，立即启动预警方案，及时救助，把损失减到最小。

二、酒店设施安全事故含义

酒店建筑物和设备设施，指酒店主要的固定资产，其中，酒店建筑物指酒店进行生产经营活动的人造地面固定场所，设备设施指酒店通过购买或拥有等方式为进行经营管理等活动所使用的工具。酒店建筑物和设备设施事故，指酒店的建筑物和设备设施在特殊情况下出现的异常从而给酒店经营管理活动造成不利影响的各种事件，主要包括停水、停电、停气、电梯运行故障及监控中心无法运转等。

三、酒店设施安全隐患事故应急机制

（一）停电处理

（1）案例分析——遇停电总台收银结账服务

酒店意外停电，一位客人来退房，总台收银员小张帮这位客人退房，核对夜审打印的宾客余额表给客人进行手工结账，因宾客余额表是夜审在夜间过账后打印的，该客人的部分电话（一般在晚 24：00 后）计费无法统计。客人因为要赶飞机，很急。考虑到尽可能挽回酒店的损失，小张礼貌地向客人解释并请客人自诉后面估计打了多少电话，通话时间多久。经客人自诉和通知总机核对，很快办理了退房手续。也没有误飞机时间……

资料来源：豆丁网（www. docin. com/p – 204689549. html）。

（2）案例评析

这事件客人是没有丝毫错的，如果等待来电再给客人退房，客人除了等待、抱怨、再就是投诉。误赶飞机时间。下次，酒店有可能失去该位客人。

小张这一做法，一方面考虑了电话费用的问题，为酒店减少了损失，另一方面为客人争取了时间。

在实际工作中，不仅要有扎实的业务技能，还要有服务技巧，要考虑到特殊情况下会发生什么情况、可能会给酒店造成损失。

（3）停水停电处理

若根据各种信息反馈，店内停水、停电、停气是店外原因引发，酒店应安排人员联系设备及水、电、气的供应方，说明酒店目前出现的具体情况，详细询问事故的破坏程度和修复时间，并立即向酒店突发事件应急处置指挥机构报告。在故障排除后，应组织人员到相关区域巡查，恢复设备运行，维修受损设备，落实改进措施。

若发现或获知在没有事先通知的情况下，店内发生停水、停电、停气等现象，酒店工程部应立即向相关机房通报情况，安排专业人员携带专用工具到现场查看，检查店内是否存在其他停水、停电、停气现象。若发现机房设备出现了严重故障，工程部应立即向酒店总经理等高层领导报告，指示相关机房启动应急方案，赶往相关机房现场指挥，要求总机启动应急联络程序。各部门负责人接到报警后，应立即返回岗位，随时准备接受相关命令。

停水、停电、停气问题在短时间内无法解决时，酒店应安排专人向相关部门求援，并立即启用临时发电机、临时供水车等救援设备。

（二）电梯事故处理

（1）案例分析——锦江之星酒店电梯夹死人事故

明光洗涤公司承接锦江之星酒店被单、毛巾等物品的清洗业务。下午 2 点钟，魏小龙和两位同事一道到这家旅馆送已清洁的物品。三个人先把五六个大包的床单等物，走消防通道，扛到二楼电梯口，然后由魏小龙一个人坐电梯，把这些床单分发到各个楼层。另外两个同事则再到其他旅馆送货，准备下午 4 点回来接魏小龙。

"我们送他到二楼电梯口时，电梯还在上面几层。小龙在电梯口等着，我们就走了。"两名同事之一的陈志福回忆说。

酒店姬经理说，得知消息后，跑去一看，一个人趴在电梯口，电梯门关着，然后她就再也不敢看了。

一位看过电梯监控录像的人说："电梯门开了后，这个男的进了电梯，然后又出来拿床单，等他再进去的时候，身体刚进到一半，电梯突然上升……"

在一楼电梯口，竖着一块三角形、黄颜色的警示牌，上面有"电梯维修"的字样，但不清楚是事后放的，还是事故发生前放的。

发生意外的 2 楼电梯口，贴了一张"电梯维修中……"的纸条。

死者同事陈志福说，酒店方面规定，送货人员不允许从大堂正门进入，平时他们收货送货，都是先走消防通道到二楼，再坐电梯到各楼层，所以一楼有没有放警示牌他们不清楚。不过他们来送货的时候，在二楼电梯口，并没有看到"维修中……"这张纸条。"这张纸条应该是出事后贴上去的，如果知道电梯在维修，我们谁还敢坐电梯。"

从市中医院了解到，魏小龙被 120 接到医院后，直接就送进了太平间。

浙江省质量技术监督局召开新闻发布会，公布了这起事故的初步调查结果——这是一起电梯维护单位、维保人员严重违反作业规则引起的事故。目前，电梯维保工已经向公安部门投案自首。

事发当日，该旅馆的电梯发生故障（故障原因初步查明是电梯内一个变压器的保险丝没固定好），电梯维护单位在检修过程中，维保工反操作规则，短接了安全回路，导致了事故发生。

资料来源：《锦江之星电梯夹死人原因查明　电梯维修工违规操作造成惨剧》，朱燕、崔博：《都市快报》2008 年 7 月 4 日。

思考：锦江之星酒店对于这起电梯夹人事故应当承担什么责任？

（2）电梯运行故障的处置

若发现或获知电梯因发生运行故障而停机，酒店监控部门应立即确认是否有人受困，并尝试用呼叫电话与轿厢内乘客联系；劝告乘客不要惊慌，静候解救；建议乘客不要采取强行离开轿厢等不安全措施。

通知工程部维修人员按相关操作规程到现场开展解救工作，安排大堂经理等相关人员到事故地点与被困乘客进行有效的不间断沟通，请客人安心等候，协助配合解救。

协助乘客安全离开轿厢后，酒店应及时安排人员安抚乘客，并询问其身体有无不适。对受伤或受惊吓者，应按相关规定及时安排医务人员实施救治。

酒店应及时安排工程部电梯维修人员联系厂家对故障电梯进行全面检修，确保电梯运行安全。

（三）案例——办公室主任的应变绝招

一天早晨，某大酒店办公室主任接到报告，一部电梯的轿厢搁在10楼与11楼之间，里面有两位客人受到虚惊。他马上打通电话给尚未上班的总经理。总经理指示说：通知工程部经理迅速派人检修，查明原因，并要求大堂值班经理立即赶到现场，妥善处理客人事宜。

由于寻找大堂值班经理用了一些时间，在大堂经理尚未赶到现场时，两位受惊的客人已直接找上门来了。

"您早，先生！您早，小姐！"办公室主任面带笑容，很有礼貌地迎上前打招呼。

"你是……"男客人的声音比在总经理室门外时压低了一些。

"请两位这边坐。"办公室主任没有直接回答，而是先领客人到隔壁会客室，请客人在沙发上坐定。

"你就是总经理？"客人望着年轻的办公室主任，将信将疑地问道。

"请用茶！"办公室主任招呼客人用茶，仍不做正面回答。

"如果你是总经理的话，我就对你说吧。"客人还想试探一下对方的身份。

"小姐，请用茶！"办公室主任"顾左右而言他"地招呼歇在一旁没有做声的小姐。

"你们是怎么搞的，该死的电梯把我们关在里面这么久！"客人开始投诉了，"我花了钱住酒店，不是花钱买倒霉的。我拒付房金。"

"电梯出故障，虽说是偶然，但当然是我们酒店的责任，我先向您两位表示歉意。"办公室主任边说，边为客人斟加了茶。

"道歉有什么用？我还是要拒付房费，我们的性命都差点给丢了。"客人用日语对身边的小姐叽咕几句。

"先生是日本人？中国话说得不错嘛。"

"Half Japan（ese）"客人冒出一句英语。

"先生挺风趣，'半个日本人'。"

"是呀。我母亲是中国人，我父亲是日本人，我小时在东北外婆家长大的。"

"噢，您是第一次来上海吗？"

"当然是第一次。到了上海生意还没有谈，就碰到不顺心的事，几家五星级酒店都客满了，只好住你们这家四星级的，倒霉的事今天又让我给碰到了。"

"想必您听说过我国有句古话叫做'好事多磨'，我可要祝福您交好运喏。"

办公室主任做着祈祷的手势。

"什么意思?"客人有点好奇不解。

"我不相信迷信,但我却相信'好事多磨'的话。可不是,您未住进五星级酒店,却能住我们酒店,真使我们感到很荣幸。我店的电梯是日本三菱的,使用七年来,没出过一点故障,今天让您两位受惊了。我想,先生您的生意肯定会谈得很成功。"办公室主任说得像真的一样。

"是吗?"客人的情绪到此时已完全变得正常了。

"当然啦,我国还有一句古语,叫做'大难不死,必有后福',虽然电梯出故障,我们要承担责任,但先生小姐有'后福'我也该祝贺呀。"

"你真会讲话。"客人笑了。"托你的'口彩',生意如果谈成功,一定忘不了你。"

"您两位有没有受到了点小伤什么的?"办公室主任关切地询问。

"伤倒没伤着,就是……早餐到现在还没有用呢。"客人似乎没有什么可说的了。

"噢,非常对不起,我耽误你们用餐了。"办公室主任站了起来说:"很抱歉,我还没有自我介绍呢。我是总经理办公室主任,等总经理来了以后再请他拜访您两位。"

"不必了,你的接待使我们很满意,我也不是不愿意付房金,不过碰到这种不顺心的事,在气头上说说而已。"

办公室主任送客人到电梯口,打招呼道别。客人用完早餐一进客房,看到一盘水果和一份总经理签名的道歉信已放在台上。男客人看着信,满面笑容地对女秘书小姐说了些什么。

资料来源:《酒店服务案例》,百度文库(wenku. baidu. com/view/080da2f8941ea76e58fa04fl. html)。

任务三 爆炸事件危机管理

一、案例分析

(一)稍一疏忽,险酿大祸①

北京某酒店接待了一个来自加拿大的团队。正当客人在餐厅用餐时,楼层服务员按晚间服务规程为客房开夜床。服务员来到其中一位加拿大游客住的3010房间,看见床上有几个式样相同的,有点像爆竹,又有点像玩具手枪的小玩意

---

① 资料来源:孔永生主编:《导游细微服务》,中国旅游出版社2007年版,第238~239页。

儿，随手拿起一个，琢磨不透这是什么物件，见中间有个像开关的装置，便好奇地推了一下。没想到，这物件"砰"的一声轰响，随即从上端喷出一团火，径直朝房顶飞去，又马上反弹回来，掉在床上，烧了一个大洞。服务员见状赶紧用湿毛巾把火捂灭了。之后，服务员急忙向酒店保卫部门报告，保卫部门向公安部门报了案，公安部门传唤了这位客人。客人最后如实做了交代。原来，这是装有一定爆炸材料的信号弹，用于旅游途中迷路时发射救生信号用的。公安局立即没收了这几枚信号弹，并依据有关部门的规定，对这名客人进行了罚款处理。事后，酒店对擅自翻动客人物品，险些酿成火灾的服务员也给予了相应处理。

资料来源：孔永生：《导游细微服务》.中国旅游出版社 2007 年版，第 238~239 页。

（二）燃气泄漏事件

2002 年 6 月 19 日，沈阳市江天酒店内存放的液化气罐，因为高温和罐体质量太差而发生泄漏，遇到明火后，发生了剧烈的爆炸。2003 年 5 月 29 日，一家酒店的服务员忘记关闭煤气阀门，造成煤气外泄，遇明火后爆炸。大火殃及了隔壁的酒店并导致三名路人受伤。

资料来源：豆丁网（www.docin.com/p－586387122.html）。

警示：打不着火、火被浇灭或被风吹灭、燃气压力变化导致的熄火、总阀未关严、燃具使用错误、胶管故障、燃气管损坏等等，都会造成燃气泄漏，所以切勿在无人照看的情况下使用燃气，并要养成"人走气断火熄"的好习惯。燃气具要经常检查，用肥皂液涂抹在燃具、胶管、旋塞阀以及接口处，观察是否产生气泡。

二、酒店常见的爆炸

爆炸是物质在瞬间急剧氧化或分解反应产生大量的热和气体，并以巨大压力急剧向四周扩散和冲击而发生巨大声响的现象。从爆炸事件的性质上大致可分为三类：

（一）爆炸案件

凡是利用爆炸方式进行破坏或蓄意伤害他人的事件，都属于爆炸案件。

（二）爆炸自杀事件

由于某种原因，利用爆炸方式把自己炸伤或炸死，对国家财产或公共安全没有造成一定危害或危害不大的，属于爆炸自杀。但是，以破坏、行凶和制造政治影响为目的，在实施爆炸时使无辜群众受到伤害，或使国家财产和公私财物受到严重破坏者，不属于爆炸自杀，仍应按爆炸破坏案件论处。

（三）爆炸事故

爆炸事故是指违反国家有关规定，违反安全操作规程或尚不清楚的原因引起的爆炸，亦即通常所说的治安灾害事故中的一种。

常见的是由于人的故意破坏行为而造成的爆炸案件。国外酒店发生爆炸案件，多数是国际恐怖组织干的，有的用装足炸药的汽车停在酒店门口定时引爆。

由于爆炸危害的后果极其严重，所以，酒店安保部一定要从确保酒店安全出发，在思想上要引起高度重视，采取有效的防爆措施，积极预防爆炸案件的发生。

三、酒店爆炸犯罪案件的预防

爆炸犯罪具有危害大、突发性强，不易防范的特点。犯罪分子实施爆炸时，除抱着同归于尽心理爆炸自杀外，一般不愿牺牲自己。安保部在开展防爆工作时，要掌握这一活动规律，严密控制可疑人员，重点检查无主可疑行李物品，以预防爆炸案件的发生。预防工作的一般方法是：

（一）全员防范，阵地控制

酒店要防止发生爆炸案件，单靠安保部人员开展预防工作是不够的。犯罪分子要在酒店实施破坏性爆炸，制造人身伤亡或政治案件，其实施行为必然十分诡秘。如放置爆炸物品要选接近目标，并不为人察觉的地方，放置后，要避人耳目，并迅速逃离现场。要及时发现，排除爆炸隐患，安保部要组织全店员工参加防范工作，形成阵地控制网络。控制网络的形成，既要有人的控制体系，又要有安全设备的布置阵地，只有将人和设备有机结合，才能形成安全的防范网络。

（二）明确职责，落实措施

安保部除加强酒店防爆工作的网络化建设，分工由各部门负责本部门阵地的控制以外，还要明确各个岗位职责。由于部与部之间、岗位与岗位之间，工作性质不同，各自的职责不同，安全措施也是有区别的。酒店防爆的重点主要在三个方面：

（1）重要保卫对象的安全

如国家元首、国际知名人士等下榻的地方，上下左右要清查可疑爆炸物，并布置警戒，防止破坏。

（2）客人公共活动场所要设专人服务

在服务时要注意犯罪分子利用厕所装置爆炸物品或有意遗留爆炸物品。舞厅和影剧院要设立寄包室，这样既可防止破坏分子用包将爆炸物带入活动场所，又可提供寄包服务，方便客人娱乐。

（3）要害部位的安全

如油库、机房、煤气、水电设施等部位，要防止无关人员入内，工作人员坚守岗位或用电视监控。

（三）检查督促，消除隐患

在开展防爆工作中，虽有明确的职责和预防措施，但随形势的发展，时有新情况、新问题出现，员工预防意识也可能会松懈。因此，要全部保持阵地不失控，必须经常开展安全防范工作的检查督促，发现隐患、漏洞，及时采取措施补漏洞、除隐患。

（四）组织培训，提高素质

防爆是一项专业性很强的工作。安保部要经常组织保卫人员和有关员工开展防爆业务培训，逐步使员工了解爆炸物品的一般常识和性能，初步掌握爆炸物一般识别方法，提高员工预防爆炸的工作素质和识别爆炸犯罪的能力。

四、酒店爆炸安全隐患事故应急处理

（一）发现报警

（1）酒店员工发现爆炸或可疑爆炸物，应立即打电话报告总机话务员，话务员接到报警要问清时间、地点及情况，报案人姓名、部门、部位。

（2）话务员按下列顺序通知有关人员到场：一是保安部经理、工程部经理、大堂经理；二是总经理或副总经理、夜班经理；三是客房部经理；四是医务室和司机班。同时填写"爆炸物及报警电话记录"。

（二）各部门处理规范

1. 工程部

关闭附近由于爆炸可能引起恶性重大事故的设备，撤走现场附近可以搬动的贵重物品及设备。

2. 保安部

立即组织人员去现场，以爆炸物为中心在附近25米半径内疏散人员并设置临时警戒线，任何人不得擅自入内。

（1）打电话向公安局报案，待公安人员到场后，协助公安人员排除爆炸物并进行调查。

（2）向酒店领导汇报现场情况，积极配合做好各项工作，并组织有关人员做好灭火及抢救伤员的准备。

（3）对附近区域进行全面搜寻，以消除隐患，同时询问并做好记录。

3. 客务部

负责疏散报警区客人及行李物品，如果发生意外，参与抢救转运伤员，稳定客人情绪，安置疏散人员。

4．房务部

（1）准备好万能钥匙，手电筒及布巾，以备急需。

（2）如果发生爆炸，协助抢救转运伤员，协助疏散客人。

（3）协助保安部负责现场周围的搜索，发现可疑物品立即报告。

任务四　精神病人及闹事者肇事管理

一、案例分析——"中国公主"来访记

一天下午，我正坐在办公室里值班。前台一女员工气愤地跑近来说："大堂，您出来一下！"我到前台一看。有一个穿一身粉色连衣裙，戴粉色帽子，踩粉色鞋的 50 岁开外的女士正站在前台。那个平时很文静的女员工用手指着那位女士说："她找你！"我赶紧过去，只见那个粉色 50 岁开外的女士说："那好，你再给查一下吧。"说完，转身就走了。问了那个女员工才知道，她要找一个根本就不在我们酒店住的台湾人。每次告诉她没有，她就说一次上面那句话然后转身坐大堂沙发上，过不了 5 分钟还回来问，就跟第一次来问似的。据说到我出来为止，她已经这样干了至少 5 回了。

就在员工给我解释过程中，我发现她坐在沙发上和人聊天。可是那里只有她一个人。只见她一会对着左边的空气说几句，一会又转向右边。而且我发现，她冲左边说话时比较凶，冲右边就很和蔼。原来这是一名精神病患者！我赶紧走出台子，站在她身后，听见她说了一句话，差点没昏过去。她说："这九十亿美元是我的，你凭什么把它留在台湾？这是联合国给我的！"立刻，叫保安部密切关注此人。通知前台，她再询问就说她要找的台湾人改住王府酒店了！

一会儿，她又去问前台，前台果然如是骗她。她离开了酒店。正在我等人狂喜成功将疯子以和平演变的方式骗出酒店之时，只见一道粉光闪过，她又回来了。

此时大堂已经聚集了很多外国客人（刚从外面回来的旅游团队）。她就坐在那些老外中间，对着空气谈笑风生。我的天哪！马上，必须制止她！和保安部主管联手，找她谈话，问她找谁。请她去保安部小聊一下。她虽疯，可是一点也不傻。她说："我就坐在这里。你们不就是想骗我走么？！"

几经周折，终于用"我们把所有客人资料都放在保安部了。你要查去那里查，比电脑准"这句话把她成功骗至保安部。在保安部，经过保安主管和我以疯子特有的思维方式进行了询问，终于知道了她的故事。原来，她是中国的公主！

那台湾人是她舅舅。联合国拨了 90 亿美元现金给她，要她舅舅转交给她。可是她舅舅不见了，于是她来找。

保安问她："中国公主，您怎么没有随行的保镖呀？"

"十万天兵天将在天上看着呢……他们就是我保镖！"

"那您舅舅……"

大约过了一个多小时。就在我们都已经感到身心疲惫的时候，保安部主管突然以精神病的思路想出了一个以毒攻毒的点子。"我倒是有一个办法，"保安主管说"公主殿下，您可以去派出所呀。那里有所有人的资料。到那里一定可以找得到呀！""对，对，对！"我说，"您可以让警察把酒店给封了。让您挨个房间地找，还怕找不到这个台湾国防部长？我们不能随便打扰客人，万一他没登记呢，我们当然查不到他！警察就不同了，国家机器呀！"

这位大姐（50 多岁的女士）终于相信了。她离开了酒店到白纸坊派出所报案去了……

后来，我接到了一个陌生男人的外线电话。此人询问是否一个穿粉色衣服的女士在我们那里。原来此人是那女士的家人。他说那个女士是他姐姐，有精神病。我告诉他，粉红女士已经去派出所了。此人谢过之后就挂了电话估计是去接他姐姐了。多事的我又给派出所打了个电话，一个警察怒气冲冲地拿起了听筒："喂！干吗呀！你哪呀？"

"您好我是×××酒店，刚才有个穿粉色衣服的精神病在我这里……现在她家人在找她，不知道是不是在您……"

"在，在，在！她就在这呢。她就坐在我对面……我，我，我，我谢谢您了。我服了这大姐了。您快叫她家人来把她接走吧！"那警察几乎是哭着说。

资料来源：《"中国公主"来访记》，西祠胡同（www.xici.net/d38472335.html）。

二、精神病人肇事的处理

精神病患者在酒店内肇事，会危害酒店安全，安保部要采取严密措施，防止精神病患者混入酒店肇事，对住店的精神病患者，要做好控制工作，发生肇事事件应妥善处理。

（一）精神病患者肇事的法律责任

1. 确定行为人是否正在患病期间。这就是要确定精神病人是否丧失辨认或控制自己行为的能力，可由精神病专门医生进行鉴定或向病人居住地派出所了解。如病人正在患病，确实丧失辨认和控制自己行为的能力，应通知家属或监护人领回严加看管和送医院治疗。

2. 对于有精神病病史，在精神正常的时候犯罪的应送公安部门处理。

3. 对于严重危害社会的精神病人，如放火、行凶伤害等行为，应送病人到所属地区公安派出所，由公安部门收容强制治疗。

4. 病人的行为造成酒店物质损害的，应由病人家属或监护人予以合理赔偿。

（二）境内客人精神病患者发作的处理

客人在酒店发精神病一般是有先兆的，不管是初发和复发的病人总有反常的行为和言语。安保部发现有不正常的客人，要布置服务人员采取控制措施。主要措施是：

1. 细致观察

服务员经常到其房内观察客人举止、神态以及房内的异常情况，尤其是客人单独在房内的时候。若发现病人的企图纵火、自杀等迹象，应采取保护措施，防止意外事件发生。以往曾发生某酒店一个客人在房内不断焚烧纸张，服务员发现字纸篓里有很多纸灰，但未引起重视，以致客人焚烧床单酿成火灾后，才知客人是精神病患者。

2. 调查了解

发现客人有精神失常症状，安保部要找其亲属、同事或与其有关的人了解发病前后的表现和有无精神病史，并告诫同行人迅速护送病人回原地治疗。

3. 看管或强行治疗

对有危害行为的武疯子，在未离店前，可协助与病人有关人员进行看管或要求公安部门对病人用强制手段约束其行为，或强行送医院治疗。

（三）境外旅客精神病患者发作的处理

对境外客人在酒店发精神病的，处理时要谨慎，避免引起人员投诉酒店侵犯人权。酒店发现境外精神病患者，要报告公安机关及有关部门，请他们来处理。在处理境外精神病患者肇事时，要注意以下几点：

1. 酒店发生境外精神病患者肇事，安保部要采取控制事态发展的措施，并及时报告公安机关有关部门派人处理。如是外籍人员要报公安局外国人出入境管理部门。

2. 要做好取证工作。涉外事件处理，证据是很重要的。对于病人的肇事行为，安保部要采用录像、录音以及照相等方式，尽可能多取得一些证据。

3. 当随团人员要求酒店配合看管病人或强制约束送医院治疗时，安保部必须请随团负责人出具书面要求，再予以配合。

4. 对外籍病人提请政府外事办公室通过外交途径，将病人送回国治疗。

三、对其他闹事人员的防范与处理

（一）案例分析：酒醉客人闹事事件

5月21日晚上23时30分左右，在万和宫参加婚宴的客人因为喝醉酒将两张桌子掀翻，而后又将洗手间的烘干机打掉在地上。当时，保安员及时过去劝阻并要求赔偿，客人酒兴大发与保安发生争吵，后在其朋友劝阻下留了 600 元押金，后由工程部进行估价，第二天客人也作了相应的赔偿。

资料来源：《酒店安全事件案例》，豆丁网（www.docin.com/p-434405776.html）。

分析：针对此事，婚宴客人酒后闹事，一方面派员稳定客人情绪，防止事态扩大；另一方面，协助其亲朋好友劝阻，或将酒店客人带离现场，恢复正常的经营秩序。

（二）防范与处理

1. 重点防范

（1）酒店等重要部位由保安部负责巡视，对公共区域的可疑人员进行盘问，确保酒店及公共区域安全。

（2）发现可疑人员，采取观察、谈话等方式探明来人是否有异常情况，同时应控制并予以妥善处理。

2. 内部配合

酒店人员密切配合，组成内部防范系统，加强巡视，发现精神病人或其他闹事人员。

3. 处理办法

（1）通过劝说或强制等办法制服来人，以免事态扩大。

（2）迅速将来人带入办公室或无客人区域，查明来人身份、来意、工作单位及住址。

（3）通知保安部或值班经理，必要时送交公安机关处理。

（4）尽量不惊扰客人，采取相应手段，将闹事苗头迅速制止，控制在一定范围，避免造成不良影响。

任务五　其他特殊情况处理

一、诈骗行为危机管理

（一）案例分析

1. 案例一："支票"背后的阴谋

前台在 2 月份的一天，接受了市外经贸委胡先生为来自北京的唐先生等 3 人的房间预订，并于当天入住了酒店。总台收银员小崔当时接受了其中一位宾客以外经贸委为单位的空白支票作为酒店费用押金，也未要求提供担保，随后

项目三 实践篇之内部因素

在收银领班的工作核对中也未注意和确认这张充满问题的"支票"。客人当天在餐饮吧台消费香烟是 1870 元，而餐费却只有 80 元，在酒店商场消费香烟也达到了 1700 元。这种不平衡也没有引起服务员的关注，直接将消费划入前台作记账处理。

第二天上午，客房服务员在清扫房间时，却发现客人当晚并未回店入住；直到第三天仍未见到宾客。此时，问题"支票"已显形摆在前面，查对时得到对方（单位为外经贸委）的确认，支票为空头假支票，向当地公安机关报了警。此情况为诈骗，给酒店造成 2810 元（成本）损失。这件事对酒店服务人员震动很大，大家都引以为戒，时刻警惕自己要加强工作的责任心。

资料来源：《酒店财务诈骗案例》，职业餐饮网（www.canyin168.com/glyy/cwgl/201103/28678_ 2. html）。

2. 评析

本例中所提到的教训是深刻的，工作中麻痹大意给酒店带来了很大的损失，值得当事人深思。

（1）前台工作人员要熟悉酒店财务要求和操作环节，严谨的工作态度，一丝不苟地对待任何一个服务细节，不给罪犯任何机会，把好酒店财务关。

（2）前台各岗工作要心细而警觉，对非正常消费要引起注意和及时上报。

（3）客房服务员对没有入住不正常的客人要做好反馈和记录，配合酒店把好安全关。

（4）基层管理人员要加强前台人员安全事例培训，同时增加督导力度，做好提醒。

3. 案例二：识别伪币和信用卡的本领[1]

一天，北京某酒店的外币兑换台前面有客人排着队兑换外币。外币兑换员小王和小张用温和而又肯定的语气对着一位面带焦急神色而排上了队的外籍客人说："对不起，先生，您要兑换的百元面额美钞当中有一张是伪造的！"

那位客人先是怔了一下，眼神掠过一丝惊慌，自言自语说："这怎么可能呢？"

这时小王和小张用锐利的目光一直盯住对方不放。客人见势不妙，于是装作镇静，突然发作起来，用力在柜台上一拍，故作姿态地叫喊："你们有什么根据说它是假的。"

此时小王和小张反而更加笃定，慢慢等待客人的无名火发泄得差不多了，便开始耐心向他讲解防伪币的特征，并且把伪造的痕迹指给他看。在铁的事实面

---

[1]　资料来源：http://www.dyteam.com/mdzx8/news/bencandy.php? fid = 28&id = 14218。

前，这位客人只好无奈的耸耸肩接受这样的结果。

资料来源：《酒店服务案例》，百度文库（wenku. baidu. com/view/080da2f8941ea76e58fa04fl. html）。

4. 评析

该酒店的外币兑换员和各部门结账人员大都练就了一身识别外币和信用卡真伪的本领。目前在国外制作伪钞的手法的确很高超，不仅尺寸、花纹、防伪金钱与真币几乎一模一样，就连电子扫描的 B 平面制板也已达到以假乱真的程度。但他们在没有任何防伪仪器的情况下，通过手感发觉纸张硬度不足，就能断定是伪钞。

此外在国外伪造的信用卡也屡见不鲜。前些年制造假信用卡的将大本营建在欧洲，后因无法立足，只好往香港和东南亚国家转移，最后又开始向我国转移。一些非法之徒掌握了激光全息图技术，可仿制出鱼目混珠的假卡。尽管如此，骗徒的消费行为与正常持卡人还是有区别的，只要多加注意还是能及时发现骗案的。

上述案例中的小王和小张等站在防骗案的第一线，他们认为留意防范作案者的消费或兑换行为，骗徒就很难有得逞的机会。小王和小张深深洞悉那位外强中干的客人的心理状态，通过循循善诱的说理劝服，终于使对方在事实面前败下阵来，企图蒙混诈骗的伎俩无法得逞。

（二）诈骗行为预防

宾客入店时，必须填写临时住宿登记单，预交住房押金。前台服务员应严格执行公安机关关于住宿客人必须持有效证件（护照、身份证）办理住房登记手续的规定，对不符合入住要求的不予登记，并及时报告保安部和前厅部经理。对使用支票付账的国内宾客，应与支票发出单位核实，发现情况不实时，应设法将支票持有人稳住，速报保安部，待保安部人员赶到后一起进行处理。

住店宾客在酒店的消费金额超过预付押金金额时，酒店可根据情况要求其追加押金或直接结算。酒店各岗位收银员应熟悉银行支付款的"黑名单"，严格执行检查复核制度。收取现金时，应注意检查货币特别是大面值货币的真伪，发现假钞时，应及时报告保安部，由保安部和财务部出面处理。

住店行骗具体预防措施如下：

1. 总台服务员严格登记手续，认真审核住店宾客的证件。

2. 有必要时宾客的证件可复印，发现问题时备用。

3. 收银员接受支票时，须核实支票单位与持票人单位是否统一，否则不接受。发现可疑立即通知保安部予以扣留审查。

4. 住客费用超过 3000 元时，财务部须派送催账单，无正当理由不付款者，不得继续留住。

5. 发现宾客违反上述规定，并有诈骗迹象，保安部将予以扣留审查，并上报公安机关。

（三）诈骗行为处理

发现持有假信用卡、假币者，应采取以下措施：同发卡银行联系，确定信用卡真伪，一经确认是假信用卡或假币，立即将其假信用卡、假币、护照或其他证件扣留；及时通知保安人员到场控制持假信用卡币者，防止其逃离或做出危害员工安全的行为；打电话报告值班经理、财务部和保安部。经保安部初步审理，视情况报告公安机关。具体措施如下：

1. 财务部应对收银员进行专业知识培训，熟练掌握辨别真假信用卡和识别假币的专业知识和技能。

2. 收银员必须熟悉各银行通报的黑名单。

3. 收银员必须严格按照信用卡的检验程序，认真检验信用卡的有效期和卡上特有标志。

4. 认真鉴别货币的真伪，特别对大面值的货币进行认真检验。

5. 发现有人使用"黑名单"上的信用卡或假信用卡、假币，接待人员应稳住对方，并立即通知保安部将人扣留审查，必要时上报公安机关。

二、对强买、强卖、倒汇、切汇人员的管理

（一）对倒汇行为的预防

1. 保安部在酒店重点公共场所要分工负责，建立巡视制度。

2. 值班人员严格控制大门，防止闲杂人员进入。

3. 巡逻、值班人员密切注意滞留在店内，通过观察询问，对有不正当行为的人一律劝离酒店。

4. 巡视人员对周围加强巡视，同时对客人所停车辆周围进行检查。

5. 在宾客外出归来的高峰时间，保安部要增派警卫力量，必要时在客人上下车时由专人负责，直到客人完全乘车离店或完全进入大厅内。

6. 对经常来店有可能进行倒汇、切汇、换汇、强买强卖的人员，保安部要做到心中有数，并及时与公安部门联系，发现有不法行为，立即采取措施。

7. 门岗要加强控制，对会客的人严格执行会客登记和验证制度。

8. 客房服务员在工作中注意观察会客人与客人的言行，特别要对挨个敲门的可疑人员及时监控，并报保安部。

（二）对倒汇行为的处理

1. 服务人员发现强买、强卖、倒汇、切汇人员在与客人交易时，立即报告保安部并采取措施控制。

2. 安部接到报告后，布置警力控制现场，根据提供的情况将强买、强卖、倒汇、切汇人带到保安部处理。但应切记尽量不惊扰客人，将影响控制在最小范围，防止起哄和趁火打劫事件发生。

3. 保安部专人负责，现场查找是否有遗留物品，如情况较为严重，应立即上报酒店领导或值班经理，研究后报当地派出所或公安机关处理。

酒店安全防范新思路

某年夏季某酒店入住一名颇有气质的女子，女子入住时神情忧郁。到总台询问时，问清房价后便以全价房标准刷银行卡确认，办妥手续上房，并未要求打折及再询问其他优惠事宜，表现与其他宾客略有不同。女子入住后，一直长时间在酒店外海滩上漫步，神情抑郁，引起了酒店个别管理人员的注意，顺而派专人跟踪了她的吃住行娱乐活动，并且对她打出打进的电话做了记录，并根据总机的电话记录的时间，进行分析，并不时安排服务中心人员以送浴巾，维修管道等形式，敲开女子房门，对其状态进行跟踪和监控。终于在第三天上午发现了异常，打其房间电话未有人接听，总台服务员明确未见其下落，管理人员便开门而入，发现女子躺在席梦思床上，口吐白沫，昏迷不醒。经医院抢救，终于挽救了她的生命。经查，女子系公安系统的一名干警，失恋跑到酒店来自杀，因为贪恋酒店外围环境的美景，想再看一眼这个世界才结束生命。她当时已服了 60 余颗安定片，医生说，如果再晚两个小时送医院，很可能就回天之术了。

有一位云南的杨姓客人，下榻海南某酒店，晚上赴外沙岛吃海鲜。回来后，便跟服务员说有点头痛，要服务员送点开水。服务员送开水时，发现当时客人还较为正常，仅有点醉态的样子（其实是病态）。服务员离开房间后，不是像平常一样回到服务中心就算完事了，而是在稍等了十来分钟后，给该客人打了个电话，发现电话占线，这位服务员没再打，过了一会，这位服务员想起还是不放心便又打电话进房间，发现还是占线。这时服务员并没有作简单处理，而是通知总机察看一下客人房间的电话，是未挂还是长时间通话，总机经过查证后，明确无误告知是未挂好。这时，职业的敏感让这位服务员觉得必有异常，于是上房敲门，未见人应答，询问总台，亦未见此客人外出。于是服务员果断地推门进房，发现客人痛苦地抽搐在床上，便立即送医院急救。经查实，该客人系得了一种较为罕见的蛋白质过敏病，这位姓杨的客人事后非常感谢这位服务员。他向酒店反映，自己本身就是医生，知道这种病的厉害，它发作得较快，如果处理不及时，就会有生命危险。如果不是那位服务员发现，后果不堪设想，这位客人事后给酒店写了感谢信，并在报上登报致谢。

资料来源：《酒店安全防范案例》，百度文库（wenku. baidu. com/view/3731f43583c4bb4cf7ecdla3. html）。

评析：以上两个案例，均反映了酒店的安全防范方面要研究新的思路：如何在新形势下，人性化地、个性化地为宾客服务。第一个案例中，如果我们酒店的管理人员对该名女客人的异常表现没有敏感性，没有安排专门人员监控其异常行为（一个人单独度假，神情抑郁，电话多），则势必会延误抢救其生命的时间。后一个案例中，一个小小的醉态（其实是病发动作）让我们的服务员起了疑心，最终挽回了一条生命。其实这是一种责任心，如果没有这种责任心，势必会酿成大祸。尽管过错方不在酒店，但也会给酒店的形象造成无形损失。因而在培训酒店员工安全防范方面不仅要注意培训传统的消防安全等"老三篇"也要注意培训员工的"三心"：细心、责任心、警惕心。酒店的安全防范，必将会因为新的形势，出现新的表现形式，酒店业作为一个不断发展的行业，必须及时应对这种挑战，在培训上先行一步防患于未然，领先于潮流。

模块十三 酒店质量危机管理

【能力培养】

1. 了解酒店前厅部的基本工作职能；
2. 掌握酒店前厅部相关工作的基本程序；
3. 了解前厅部检查工作的重点及标准；
4. 根据具体案例分析，如何控制酒店前厅部质量。

随着酒店市场竞争的加剧和顾客的日趋成熟，顾客对酒店服务质量要求也越来越高，服务质量成为酒店在新的市场竞争中脱颖而出的重要武器。服务质量是酒店的生命线，如何加强酒店服务质量管理，树立酒店良好的服务形象，为宾客提供满意超越期望的服务，从而以优质的服务赢得顾客的忠诚，获取竞争优势，是众多酒店经营管理者所关注的重要问题。

任 务 一 酒店质量危机管理——前厅部

一、案例分析——高难度前厅疑难问题[①]

一天晚上11：30，前台接到外线电话，是讲英语的客人。中班的接待员英语不是很好，只大概听懂客人说他有预订，但不知道1小时后才到店，还有没有房？因房态充裕，客人又说订了房，接待答复"YES"，然后跟夜班的接待员口头交了班。

凌晨0：30左右，客人到店，是来自美国的一对35岁左右的夫妻。他们手持着一份从美国某订房网站上打印下来的订房确认单，上面有预订酒店的名称、房型，入住日期、美元房价。这些前台接待能看懂，其他的就不懂了。但是，前

---

① 资料来源：北京饭店网，http：//news. bjhotel. cn。

台没有这个客人的任何预订资料，当班的接待和收银两个人因英语水平有限更不能跟客人进行深入的交流。于是，前台告诉客人按前台自来散客价格入住，有什么事明天再说；对于客人的提问，都以"YES"回答。客人就住下了（酒店前厅仅1个前厅部经理，1个大堂副理，大夜班无大堂副理，但有总值班）。

第二天8：20，前厅部经理上班，看前台交班知道了这件事，也拿到了客人所持的订房确认单复印件，看了之后，马上用电脑登陆上面的美国订房网站，了解到：1. 该外国网站所属公司跟酒店没有直接的合作关系，跟酒店没有任何的合作协议；2. 客人原来预订的并不是昨天的房，是今天的房。3. 客人已经在美国用信用卡刷了所预订酒店的一晚房费付给订房公司，应该属于保证预订了（当然不是酒店的保证预订）。

前厅部经理肯定了前台昨夜按自来散客价格给客人入住的方法是正确与允许的。因为早9：00是行政例会时间，前厅部经理翻阅了营业报表和大堂副理的工作日志，准备了会议材料就开会去了。前厅部经理的考虑是：现在太早，不可能去打扰客人，等开完会再跟营业部一起协调处理这个预订问题。

9：45，例会开完，前厅部经理马上知会营业部副经理（经理放假半个月回家探亲了），把预订单复印件和事情经过做了描述。营业部副经理叫来手下的销售代表，问了一下，了解到：

1. 香港一家原来有过合作、有协议的订房公司前几天发来了一份订房传真，房费挂该公司账，但是由于协议价格是以前过期失效的，且该公司还欠酒店的几千元房费。因此，当时营业部就回传以无房为由，拒绝了该预订。该传真原件被销售代表揉成一团，扔进了垃圾篓里，现在又翻找了出来。

2. 该传真的内容，是给以上的美国客人订房，名字、日期、房型等资料与客人所持的确认单是一致的。

3. 该预订被营业部拒绝后，香港订房公司接着又发了一份传真过来，还打电话给营业部，说是客人在飞机上，无法联系上客人，这是给客人的道歉信（全英文的），要求酒店前台，当客人到时，把传真交给客。传真的内容，是告诉客人由于酒店无房但不及时与其沟通导致公司还在这个酒店订了房，请客人接到这份传真后，另到附近一家同星级的酒店去入住，公司已经在那边订好了房，但这份传真同样压在营业部。

4. 营业部的销售代表说，他们以为客人不会来了，所以这些传真都没有当一回事。

前厅部经理从营业部得到以上信息，意识到了问题的严重性，且非一般的严重了。经商量，营业部副经理的意见是：由于酒店没有接受香港订房公司的预订，客人算是自己住进来的，酒店就应按自来散客收费，客人有什么意见，让他们自己去找订房公司。

这时快11：00了。前厅部经理认为这件事情必须跟客人沟通，但从客房部得到的信息是，房间挂了DND，还没有进房做卫生，也没有人注意到客人是否外出。前厅部经理做好了准备给客人房间打电话，却没有人接；再查房，没有客人在。前厅部经理立即用英语写了一份留言，放进房间，请客人回到房间就尽快与大堂副理联系确认其订房事宜。

前厅部经理接着给香港的订房公司打电话，告诉对方客人于昨晚到店，住了散客房，今天客人要住，也要按散客，不能按协议。对方答复那就让客人转到其他酒店，因为公司在那边订了房，已经不能取消，取消同样要收费。所以，他们也想法联系客人，让他们在12：00前退房转店。前厅部经理打电话到那家酒店，证实的确有该客人的预订，且不能取消。

但是，客人整整一个白天都没有回来。一直到晚上9：00，客人才回房，看了留言，来到前台找大堂副理。这时，前厅部经理出面来处理这件事，因为等着处理这件事，没有下班（18：00下班）。

资料来源：北京饭店网（http：//news.bjhotel.cn）。

二、酒店前厅部简述

（一）前厅部含义

前厅部设于酒店内宾客过往频繁的大厅内，是酒店服务群体中的先锋部队，代表整个酒店向客人提供客房销售、入住登记及账务处理等各项服务的部门。总服务台是前厅最显眼的部分，它执行前厅的大多数功能，是宾客最初接触和最后接触的地方，是联络酒店前台和后台的纽带，总台因与客人之间密切联系，既是宾客投诉处，也是咨询查询处，又是一切服务的协调中心，因而理所当然就又成为宾客和酒店联系的纽带。

（二）前厅部的功能

1. 销售客房

（1）接受预订；（2）接待临时散客；（3）办理入住登记手续；（4）分配客房。

2. 提供酒店服务信息

（1）酒店内部设备设施情况；（2）酒店外部活动及地点时间。

3. 协调宾客服务工作

（1）联络前台及后台；（2）处理宾客问题及投诉。

4. 控制房间状态（协调客房销售和房务状况）

（1）已出租客房状况；（2）清扫中的客房问题及状况；（3）待修房状况。

5. 负责处理宾客账务

（1）建立宾客账务；（2）及时登记账目；（3）监督宾客信用状况；（4）记录宾客消费情况。

6. 结账

（1）准备账单；（2）核对账单；（3）办理结账手续；（4）建立牢记档案（宾客历史资料）；（5）记录宾客历史资料（个人资料），以备查核。

三、酒店前厅部的质量问题概述

（一）预订

1. 客人持有客房确认预订单，但是来到酒店时，确没有可提供的房间下榻，前厅部自认为客人可能是不会到来，因此将房间另外出租给别人。

2. 客人持有客房确认预订单，但是在客人步入前厅部或总服务台办迁入登记时，酒店前厅部接待人员找不到客人的预订客房记录卡。

3. 由于没有足够和完善的预订控制系统，从而导致超额预订，使正式预订的人没有客房下榻。

4. 当客人抵达酒店时，前厅部不能为客人提供他（她）事先所预订的那种类型的客房。

（二）服务态度

前厅部接待人员不够热情和礼貌，接待服务中有不尊重客人的举止、言行，引起客人的投诉。

（三）等候时间过长

1. 由于等候迁入登记下榻或者是结账迁出离店的客人较多，等候时间（均限定在60秒之内）过长。

2. 中厅杂役员或行李员，将客人的行李送到其他客人的房间，造成客人的久等、不满和投诉。

（四）沟通协调不够

1. 有时护送客人前往下榻房间的中厅杂役员或客人本身，被前厅部给一个与客人下榻房间号码不符的客房钥匙，因此中厅杂役员或客人本人又不得不再回到前厅部换取钥匙。这种情景也会引起客人的不满和投诉。

2. 前厅部或称总服务台服务人员忘记或者没有及时较交和传送客人的信件或留言，从而引起客人的不满和投诉。

3. 客人抵达酒店并来到他（她）所要下榻的房间，可是发现客房还没有整理；这是因为客房部和前厅部之间工作不协调所致。

（五）财务问题

1. 客人在酒店内产生的费用，既不确认也不核实，因此客人的一切费用账目无法收集起来，最后只能推给总经理去处理、解决。

2. 由于客人个人情况、身份、数据均为不合法，因此很难处理客人账目。

3. 当客人迁出离店时，没有将该房间的钥匙交回，结果客人又回到房间使用电话或者利用该房做些其他事情，造成酒店的损失和不安全。

4. 由于前厅部粗心，客人迁入登记时没有验证客人的正式证件（即护照、汽车驾驶执照或其他的身份证件），加之又将客人的名字搞错，为此客人在酒店内的下榻及其费用账目无法收集起来，最后在客人离店结账时出现很大的麻烦，以致引起客人的投诉。

四、酒店前厅部质量危机原因

（一）服务管理不到位

服务管理是整个酒店服务产品质量问题的难点、重点。在服务管理方面具有代表性的有：

1. 服务不规范，有服务人员擅自移动旅客的物品、未经敲门就进入旅客的房间、临时取消旅客的预订房、客房必备品不全、酒店不供应热水、不开空调等等情况。

2. 服务人员态度差，服务意识不够强。主要体现在服务人员态度生硬，遇到了问题相互推诿，处理不及时；服务效率低下，动作缓慢；电话总机长时间无人接听，电话中有聊天声等情形。

3. 收费不合理，主要体现在电话、客房、复印以及互联网的收费标准不明确、不合理，多收旅客的费用。

4. 服务失误方面也时有发生。比如，行李员丢失旅客行李、前台丢失旅客代为保管的物品等情况。

（二）等候时间过长

1. 结账时间与入住时间冲突

由于酒店规定的结账时间是中午 12 点以前，入住时间是下午 2 点。而很多客人在办理入住的时候，大部分客人还没有退房，同时当客人集中退房的时候，客房部也没有那么多人力整理房间，所以经常需要客人等待比较长的时间，或者根本没有现成房间提供给客人，结果导致客人投诉。

2. 入住与结账时排队等候时间过长

在酒店业的经营过程中经常会遇到排队现象，如何有效解决排队问题，缩短客人的等候时间，提高服务效率和客人的满意度，就成为酒店业急需解决的问题。每当某项服务的现有需求超过提供该项服务的现有能力时，排队现象就会发生。在酒店服务中也经常会遇到，如在酒店前台办理入住登记手续、在餐厅就餐、商务中心服务等常常都要排队。由于酒店服务中的生产和消费过程是同时进行的，需求波动性的存在是必然的。

排队等待是顾客接受服务过程中经历的一个特有现象。而减少顾客的等待时间，有效管理排队现象，正是提高服务质量的重要一环。

（三）部门沟通问题

本来前厅是酒店的一个中枢部门，与各部门联系紧密。旺季期间，由于各种原因，部门间摩擦在所难免。加上酒店"宽进严出"的管理思路，各部门竞相明哲保身，遇到责任事件常互相推诿，延误解决问题的时机，流失了客人，也损坏了酒店形象。前厅部在酒店的正常高效运作中占有很重要的地位，但酒店服务工作是各个部门各个岗位共同努力的结果，也需要与其他部门紧密合作才能更好地开展对客服务，加强沟通协调，保证酒店各部门各环节的高效运作。而在现代酒店实际运作中，造成客人投诉的一大部分原因是各部门之间缺乏沟通。比如：已经预订好房间的客人在办理好入住手续后常常被接待员告知要等候入住，原因是服务员在打扫客房，这时客人肯定会产生不满情绪，究其原因，是因为前厅部与客房部没有做好房间信息核对沟通工作。

（四）前厅部人员销售客房的技巧尚需进一步提高

前厅部的主要任务之一是销售客房，与前台紧密相关的客房销售工作主要有以下几种情形：预订销售、接待销售、合理排房与价格控制。

1. 在预订销售时，客人常常采取电话或直接走到前台来预订，在这个过程中单有主动的推销意识是远远不够的，订房是否成功还受到接待员推销技巧、熟练程度、对酒店产品的熟悉程度等主观方面的影响。

2. 在接待销售时，对于已经预订了客房的客人来说，接待员要表现出强烈的服务意识，但也要注重对酒店其他服务设施的推销，而在实际操作中这个环节很薄弱。

3. 接待员由于本身的知识欠缺和对房价变通的不熟悉，往往表现得不够灵活，只限于根据预订实际情况办理入住，报当日房价，没有灵活地结合酒店价格政策、优惠政策来积极促销。

五、酒店前厅部质量危机预防

（一）增强员工培训

1. 优质的服务态度

亲切礼貌的服务是酒店对客服务态度的基本要求，其主要表现在员工的面部表情，语言表达以及行为举止3个方面。员工保持微笑服务是最基本的原则，但仅仅有微笑是不够的。为了能使员工有一个良好的服务态度，这就要求酒店定期对员工进行有效的培训，可以结合不同的服务场景对员工进行情景训练，并且评选优秀员工加以奖励，以鼓励其他员工。

2. 提高员工正确处理问题的能力

对于如何培养前台员工正确处理问题能力，首先当员工入职的时候，就要对员工进行系统的培训，然后进行考核，具备一定水平后上岗工作，否则这期间由于不具备岗位能力经常出现错误，造成服务失误。同时要求新老员工经常有机会交流，这样可以相互得到经验方面的补充。同时还应该强化"一次到位"的意识，这一点是与酒店服务产品的特性有很大关系的。由于酒店服务产品与消费同步性，因此酒店就必须强调服务的一次性到位，这样就在很大程度上避免了许多问题的发生。同时酒店应该坚持全面质量管理的原则，对酒店服务的3个环节：事前、事中、事后都要进行严格的控制管理。事前的管理主要是消除质量发生的隐患，达到预防的作用。事中管理主要是针对质量事故发生后，立即采取纠正措施加以改善。事后的管理主要是对服务质量进行科学的评价，提出改进意见，使服务质量不断提高。只有有了这样的标准，才能不断提高员工正确处理问题的能力，提高服务质量。

3. 培养接待员的服务感知

（1）端正服务态度

培养服务感知必须端正接待员的服务态度。要营造良好的前台团队氛围，建立基层员工的主人翁意识。让员工积极提供服务，而不要把服务看成是"任务"。

（2）实践正确的服务感知

大量的工作经验对培养接待员的服务感知是必要的。不正确的服务感知会被慢慢淘汰，正确的服务感知会保留下来。这样在培训时就会把工作经验和理论结合得更加紧密。

（3）寻找新的服务模式

要寻找新的服务思维模式，而不是只局限于一成不变的服务程序，要在此基础上加以个性化的服务，这样才是服务感知的体现，如果接待员能够从一个眼神，一个手势和动作之中感知到客人需求，设身处地地为客人提供每个细节服务。这样才能使客人在得到充分尊重的前提下对产品和服务感到最大限度的满足。

（二）加强部门之间的沟通与合作

1. 与前厅部密切相关的首要部门之一便是客房部

以客人入住到离店过程为例：客人在办理完入住手续时直接进入客房，如果前厅部没有及时和客房部核对客房信息状况，极有可能要让客人等待。在客人入住后，前台客户服务中心应当加强与客房部之间的衔接沟通，尽量满足客人提出的合理要求，暂时不能满足的必须做出合理解释。

2. 前厅部与销售部、公关部也要加强沟通

前厅部在客房销售工作上需与销售部密切配合，参与制定客房的销售策略。

3. 前厅部与财务部也要及时沟通，保证账务清晰

前厅部还要做好与餐饮部的沟通。前台接待员要掌握餐饮部的服务项目、服务特色，协助促销。前厅部还要与人事部做好沟通，便于新员工的录用与上岗培训等。

（三）处理好排队等待问题

调节服务供应能力，使之更适应需求波动变化的需要。如：可对员工进行跨岗位培训，使之在旺季的时候能够派得上用场。或者增加临时工人数，以解燃眉之急。为顾客创建一个舒适的等待环境，使等候时间变得令人愉快。如专门设立一个区域以供顾客等待，将其布置得宁静、素雅，播放舒缓的音乐等。

（四）提高前厅接待员销售客房的技巧

1. 运用不同方法巧妙地与客人商谈价格

通常情况下有三种方法可供选择：（1）聊天法。接待员要用聊天的方式了解客人的特点与喜好，分析他们的心理，耐心地介绍产品，与客人商谈价格时，应使客人感到酒店销售的产品是物有所值的，在销售过程中推荐的是酒店的价值而不是价格。（2）任选法。这一技巧是前台服务员先向客人提供几种可供选择的价格，然后再征求客人的意见。（3）渗透法。这种方法中，接受了第一个要求的客人会暗中显示出他们接受得起这种要求。因此，他们可能会接受更大要求。

2. 了解掌握不同客人的特点

在酒店住宿的客人，国籍、职业、性别、年龄、留宿目的各有不同，前厅部的服务员可以掌握客人的特点灵活推销。最后，适时地介绍酒店相关产品。大多数住店客人都需要根据接待员的服务和介绍来决定如何消费，前厅部服务员要熟知酒店的销售政策及价格变动幅度，同时前台接待员还要了解同行业的情况，帮助客人比较分析，突出本酒店优势和特色，帮助客人做出选择。

【实践思考】

1. 当接线员在接电话时，电话一响，接起来却无人说话，但有一些奇怪的声音，应该怎样处理？

2. 前台接待，碰到客人兑换外币，不能够确认外币的真假，应该怎样处理？

3. 前台接待，客人的银行卡不能使用或已经过期，应该怎样处理？

4. 收银时，客人索要超额发票时，应该怎样处理？

5. 接线员接听电话时，遇到客人问询特殊服务时，应该如何处理？

6. 在大堂里，客人短裤拖鞋或衣不蔽体地逛来逛去，应该怎样处理？

7. 在大堂里，客人躺在为客人暂时提供休息的沙发上呼呼大睡，其睡姿极其不雅并且严重影响酒店形象，应该怎样处理？

8. 在大堂看到客人漫无目的地闲逛，应该如何处理？

9. 在大堂看到客人与客人争吵甚至打斗，应该如何处理？

10. 在前台接待遇到浑身刺青、戴单耳环、留金发且蛮不讲理的流氓，应该如何处理？

11. 发现客人带小姐前来住宿，应该如何处理？

12. 看到客人蛮不讲理，殴打你的同事，应该如何处理？

任务二　酒店质量危机管理——客房部

一、案例分析

（一）案例一：客房宠物风波

1. 案情介绍

M 酒店的一个豪华套房内住着一对来华投资建厂的德国经理和他的中国籍的太太。德国经理整天忙于工作，早出晚归。白天，只有他的太太独自待在套房内闲散无聊。于是买了一条小狗养在房里，取乐消遣。M 酒店服务员进房清洁时，发现该套房内臭气难闻，地上到处是狗屎，小狗瞪着眼睛，张着大嘴冲着她汪汪大叫。突如其来的情景，使这位服务员十分惊恐，她转身跑出房间，立刻找到本楼层的 G 领班，将此事作了汇报。G 领班得知后，带着这位服务员急匆匆地来到该套房内，对着德国经理的妻子，十分严肃地说："我们酒店有规定，房客不能在房间里养宠物，请尽快把小狗处理了。"太太十分傲慢地说："这是我自己的房间，我并没有影响别人啊！"G 领班态度强硬地说："那也不行。希望你按照酒店的规定做。"说完，转身走出了房间。

两天后，小狗仍然在房内大叫奔跑，G 领班得知后，气冲冲地来到该套房，义正词严地对这位太太说："前几天我们已经给你讲过了，为什么到今天仍然这样？"得到的回答是："这个房是我买下的，我愿意怎样就怎样，你管不着。"太太的傲慢无礼使得 G 领班越发激动："你有什么了不起，无非嫁了一个老外！"G 领班的这句话，一下子把这位太太激怒了。于是争论变成争吵，双方不欢而散。

当晚，劳累一天的德国经理回到 M 酒店后，其妻夸大其词地将自己的"遭遇"告诉了他。他听后感到愤怒和难以忍受，认为对他妻子的无礼就是对他本人的不尊重。当晚即写了一封至当地最高行政长官的投诉信。在信中讲述了妻子在

M 酒店的不愉快"遭遇"，认为自己到中国来是为了帮助中国发展和提高工业化水平的，不应该受到如此对待，并且提出三项赔偿要求：第一，G 领班当面向其妻子赔礼道歉；第二，扣发 G 领班当月全部奖金；第三，撤销 G 领班的职务。如果三项要求中有一项未被满足，将会向更高一级行政当局投诉。市长收到这封信后，立即批示："高度重视，妥善处理"，有关部门很快将信转到 M 酒店总经理手上。总经理指示公关部经理立即着手调查，尽快拿出一个处理方案来。

公关部经理经认真调查后了解了整个事情的经过，发现德国经理的投诉与事实有出入，认为所提出的赔偿要求不完全合理。因为 G 领班是出于工作责任心，认真履行自己的工作职责，不足之处在于，当自己不能处理这件事情时，没有及时向上级主管汇报，更不应该与顾客争吵，出言不逊。而德国经理的妻子，违反酒店规定，私自在房间里养狗，在 G 领班向其提出将狗尽快处理的要求后仍然我行我素，并且态度傲慢。如果要让这对德国夫妇满意，三项赔偿哪个要求都必须答应，这样将会挫伤 G 领班及 M 酒店员工的积极性，酒店的利益将受到损害。但是如果三项赔偿要求中只要有一项不答应，德国经理还会向更高一级行政机关投诉，势必会影响酒店的声誉，使事态进一步扩大。那么，如何解决让这对德国夫妇满意和维护酒店利益之间的矛盾呢？M 酒店认为必须采用更加灵活的、具有艺术和智慧的做法。

通过对 G 领班进行深入细致的思想工作后，G 领班不仅认识到自己在这个事件中的错误，并且答应积极配合酒店处理好这起投诉。第二天晚上，M 酒店总经理、公关部经理和 G 领班来到德国经理的套房内，公关部经理首先说明来意后，表示酒店答应其提出的三项赔偿要求；G 领班当面向德国经理的太太赔礼道歉。此后，德国经理也表示将遵守酒店规定，尽快将房内的狗处理掉。第二天，德国经理的妻子专门进行了暗访，发现 G 领班已调到其他楼层，并且系得是领结而不是领带，正在做服务员的工作，于是很快将房内的狗卖掉了。并且，德国经理不久又写了一封致当地最高行政长官的感谢信。信中对市长的关怀及 M 酒店的高效率改进工作表示了感谢。市长甚为满意。到此，事件已告平息。

两个月后，德国经理完成了在中国的全部工作动身回国。M 酒店在送走这对客人后，立即做出决定，从次日起恢复 G 领班的职务，补偿所扣除的全部奖金。

资料来源：王大悟、刘耿大：《酒店管理 180 个案例品析》，中国旅游出版社 2007 年 6 月版。

2. 评析

在客房里养狗引起一场大风波，这是因为理直的 G 领班"气壮"过了头，涉外服务的纠纷惊动了市政府。本则案例中，M 酒店为了让客人满意而又维护酒店利益，采取了更加灵活、具有艺术和智慧的方法其实也是不得已的。凡事都要未雨绸缪，要善于了解客房动态，掌握各类事态发展。客人在客房养狗固然必须劝阻，但到底水火不相容，仿佛成了邻里纠纷，而且一投诉就闹到市政府，这种被动局面可一而不可再。

除了肯定 G 领班的责任心外，需要反省的地方也不少。领班听了服务员的反映能及时处理，无可厚非。"顾客是上帝"就意味着"客人永远是对的"。在处理时，要委婉些、机智些，而不是像 G 领班那样正言厉色，容不得别人拒绝，其效果适得其反。实在处理不了，应该及时汇报上级。

这位德国经理来到中国是做投资建设的，受到当地政府的高度重视，故一投诉就告到当地最高行政长官。这也是可以理解的，他毕竟人生地不熟。酒店管理层应在争吵后立即上门探访，争取对方的谅解并共同讨论解决之策。

（二）案例二：客人离店被阻

1. 案情介绍

一位四十来岁的客人陈先生搿着旅行包从 512 房间匆匆走出，走到楼层中间拐弯处服务台前，将房间钥匙放到服务台上，对值班服务员说："小姐，这把钥匙交给您，我这就下楼去总台结账。"却不料服务员小余不冷不热地告诉他："先生，请您稍等，等查完您的房后再走。"一面即拨电话召唤同伴。李先生顿时很尴尬，心里很不高兴，只得无可奈何地说："那就请便吧。"这时，另一位服务员小赵从工作间出来，走到陈先生跟前，将他上下打量一番，又扫视一下那只旅行包，陈先生觉得受到了侮辱，气得脸色都变了，大声嚷道："你们太不尊重人了！"小赵也不答理，拿了钥匙，径直往 512 号房间走去。她打开房门，走进去不紧不慢地搜点：从床上用品到立柜内的衣架，从衣箱里的食品到盥洗室的毛巾，一一清查，还打开电控柜的电视机开关看看屏幕。然后，她离房回到服务台前，对陈先生说："先生，您现在可以走了。"陈先生早就等得不耐烦了，听到了她放行的"关照"，更觉恼火，待要发作或投诉，又想到要去赶火车，只得作罢，带着一肚子怨气离开宾馆。

资料来源：《酒店服务案例》，百度文库（wenku. baidu. com/view/080da2f8941ea76e58fa04fl. html）。

2. 评析

服务员在客人离店前检查客房的设备、用品是否受损或遭窃，以保护宾馆的财产安全，这本来是无可非议的，也是服务员应尽的职责。然而，本例中服务员小余、小赵的处理方法是错误的。在任何情况下都不能对客人说"不"，这是酒店服务员对待客人一项基本准则。客人要离房去总台结账，这完全是正常的行为，服务员无权也没有理由限制客人算账，阻拦客人离去。随便阻拦客人，对客人投以不信任的目光，这是对客人的不礼貌，甚至是一种侮辱。正确的做法应该是：

（1）楼层服务员

楼层值台服务员应收下客人钥匙，让他下楼结账，并立即打电话通知总服务台，×号房间客人马上就要来结账。总台服务员则应心领神会，与客人结账时有意稍稍拖延时间，或与客人多聊几句，如："先生，这几天下榻宾馆感觉如何？欢迎您提出批评。""欢迎您下次光临！"；或查电脑资料放慢节奏，如与旁边同事交谈几句，似乎在打听有关情况；或有电话主动接听，侃侃而谈，等等。

（2）客户服务员

客户服务员也应积极配合，提高工作效率，迅速清点客房设备、用品，重点检查易携带、供消费的用品，如浴巾、冰箱内的饮料、食品等，随即将结果告诉楼层服务台，值班服务员则应立即打电话转告楼下总台。

（3）总台服务员

总台服务员得到楼上服务台"平安无事"的信息，即可与客人了结离店手续。

二、酒店客房部质量危机原因

2008 年北京奥运会和 2010 年上海世博会的申办成功，无疑给酒店业带来极大的商业契机，但同时如何缩短国内酒店在管理上和服务上与国际酒店的差距是当今酒店管理者和经营者必须面对的。如何在日益激烈的竞争中，保持较好的客源，获得较高的利润，同样也是酒店管理者和经营者最为关心的。

尽管酒店管理者和经营者的服务意识很强，倡导"以人为本""宾至如归"。但由于酒店自身硬件配置不同在对客人服务上或多或少存在着不尽如人意的地方，具体如下：

（一）设施设备问题

客人对酒店客房设备的投诉主要包括：空调、照明、供水、供电、家具、电梯等。即使酒店建立了一个各种设备的检查、维修、保养制度，也只能减少此类问题的发生，而不能保证消除所有设备潜在的问题。

（二）服务态度

客人对服务人员服务态度的投诉主要包括：粗鲁的语言、不负责任的答复或行为，冷冰冰的态度、若无其事、爱答不理的接待方式、过分的热情等。由于服务人员与客人都由不同特点的人组成，所以在任何时候，此类投诉都很容易发生。

具体有：待客人不主动、不热情；不注意语言修养，冲撞客人；挖苦、辱骂客人；未经客人同意闯入客人房间；不尊重客人的风俗习惯；拿物品给客人不是"递"而是"扔"或"丢"给客人；无根据地乱怀疑客人取走酒店的物品，或者误认为他们没有算清账目就离开等；工作不主动；忘记或搞错了客人交代办理的事情；损坏、遗失客人的物品；房间床铺不干净，不换床单，卫生间地板有积水，马桶有黄迹，浴帘有肥皂、脏物痕迹，浴缸有头发丝或污垢等。

（三）服务提供过程

例如酒店没有按照承诺提供服务，服务速度慢、效率低，员工缺乏与顾客的情感交流和沟通，不能设身处地处理顾客的抱怨等；服务人员没有按照原则提供服务，开房员分错了房间，邮件未能及时送交客人，行李无人帮助搬运，总机转接电话速度很慢，叫醒服务不准时，等等。

（四）客人个性化需求不能得到满足

客人的要求得不到解决；没有针对个人的服务等。西安某酒店曾发生这样一件事：一位来自上海的老太太和老伴到西安旅游。患有风湿病的老太太需要熬中药，两位老人下榻的这家五星级酒店却以药罐缺乏为由不去解决老人的熬药问题。

三、酒店客房部质量危机预防

（一）酒店客房部质量要求

1. 微笑服务

微笑服务是客房员工为客人提供服务时所要求的基本礼貌，是优质服务的最为直接具体的体现。它不仅是客房部服务员代表酒店所作出的友好表示，而且是满足客人的基本情感需要，能给客人带来宾至如归的亲切感与安全感。

2. 礼貌待客

礼貌礼节是客房服务质量的重要组成部分，因而也是对客房部服务员的基本要求。客房服务员在语言上要文明、艺术，注意语气音调，在举止上要彬彬有礼，讲究正确的姿态。

3. 讲求效率

在客房服务过程中，往往会因为缺乏效率而引起客人的不满甚至投诉，所以，提供快速准确的服务是非常必要的，一些国际上著名的酒店对客房的各项服务往往都有明确的时间限制。

4. 真诚服务

真诚服务，也就是强调要实行对客人的感情投资，不是单纯地完成任务，而是要发自内心，真正为客人着想，热情、主动、耐心、细致，使客人感到温暖。如果做到了这一点，也就是抓住了最佳服务的实质。

（二）酒店客房部质量危机预防机制

1. 培养员工的服务意识

服务意识是员工应该具备的基本素质之一，同时也是提高服务质量的根本保证。而我国很多的酒店员工却往往最欠缺服务意识，从而导致服务质量上不去，遭到客人的投诉。就客房部而言，很多工作是有规律可循的，可以由该部的管理人员根据这些规律制定服务程序和操作规程来保证服务质量，但有一些问题是随情况而变化，要求服务员必须有相应的服务意识，才能将工作做好。

2. 强化训练服务员的服务技能

服务技能和操作规程是提高客房服务质量和工作效率的重要保障，因此，客房服务员必须熟练掌握。客房部可以通过强化训练、组织竞赛等多种手段来提高客房服务员的服务技能。

3. 为客人提供个性化的服务

规范化的服务是从客人共性的角度出发来进行制定的，提供规范化的服务是保证客房服务质量的基本要求，但不应仅仅满足于为客人提供这一类的服务，应该认识到，每一位客人都是不同的，都有自己的个性与特色，必须为其提供相应的个性化服务，才能使客人对客房部的服务有更高的满意度。

4. 搞好与酒店其他部门的合作与协调

要提高客房服务质量，还必须做好与酒店其他部门的合作与协调，特别是前厅部、工程部、餐饮部、保安部等部门。客房部与这些部门的联系密切，客房部的对客服务工作必须得到上述部门的理解和支持。同时，客房部也必须理解和支持上述部门的工作，加强与这些部门的信息沟通。

5. 把征求客人对服务质量的意见作为提高客房服务质量的切入点

客人是客房服务的直接消费者，最能发现客房服务中的缺陷，因此对服务质量也最有发言权，要提高客房服务的质量，征求客人的意见是一个十分重要的途径。征求客人意见可以有多种途径，最常用的是：

（1）设置客人意见表。

为了及时征求客人对于客房部各项服务的意见，可在客房设置意见表，而且应落到实处，注意对其进行管理。在具体的操作中要注意以下几方面：

①表格的设计应简单易填。

②注意保密。可将表格设计成自带胶水，由客人自己密封的折叠式信封状表格，从而防止个别服务员将一些对自己不利的客人意见表撕毁。

③对意见表要统一编号，在月底收集汇总，以此作为考核服务员工作好坏的重要依据，禁止乱撕乱扔。

（2）直接向客人征求意见。

客房部经理可以定期或是不定期地拜访客人，了解客人的需求，从而及时发现客房服务中存在的问题，进一步制订和修改有关的计划。这样做一方面可以加强与客人的交流，增进双方的了解与信任；另一方面也能发现自身的不足，加以改进，从而提高客人对客房服务的满意度。

【实践思考】

1. 层次较低的客人前来住宿，任意破坏房间卫生或设施，应该怎样处理？

2. 在楼道发现可疑人物，应该怎样处理？

3. 客人的客房房间钥匙丢失，应该怎样处理？

4. 你将上班前领取的钥匙（能够开一层的门甚至一栋楼的门）丢失，你将如何处理？

5. 发现客人得了传染病，应该怎样处理？

6. 面对客人反映在客房丢失物品，应该怎样处理？

7. 发现客人喝醉酒回到房间，应该怎样处理？

8. 客人贵重物品被盗，说是你偷了，应该怎样处理？

9. 酒店突然停电，你将怎样给客人进行解释？

10. 客人询问事宜，自己不懂对方的语言，应该怎样处理？

11. 客人带宠物进房间，应该怎样处理？

12. 非住店客人，让你开门参观房间，应该怎样处理？

13. 面对有意刁难自己正常服务的客人，应该怎样处理？

14. 在素质较低的客人同自己纠缠时，应该怎样处理？

15. 面对整天待在房间，不让整理房间卫生的客人，应该怎样处理？

16. 面对因突发疾病而死亡的客人，应该怎样处理？

17. 自己无意损坏了客人的物品，应该怎样处理？

18. 客人让你提供不正当服务，应该怎样处理？

19. 客人向你询问酒店不正当服务，应该怎样处理？

20. 在酒店发现水管漏水与爆水管，应该怎样处理？

21. 发现客人损坏酒店物品，应该怎样处理？

22. 发现行为异常、怪异的客人，应该怎样处理？

23. 发现住客房/空房房间门虚掩，应该怎样处理？

24. 发现非住客持钥匙进入房间的，应该怎样处理？

25. 发现房间失火应该怎样处理？

26. 当你正在清理房间时，客人回来把你赶出去，还未进行身份验证，并疯狂地骂你为什么现在才给他清理房间，应该怎样处理？

27. 发现客人在房间打架，应该怎样处理？

28. 发现房间有枪支、弹药、管制刀具以及大功率电器，应该如何处理？

29. 客人宴请你出去吃饭、唱歌、跳舞等，应该怎样处理？

30. 当你换过枕套、被套、床单，而领班说你没换，面对这样的委屈，应该怎样处理?

任务三 酒店质量危机管理——餐饮部

酒店餐饮部(Food and Beverage Department)的收入仅次于客房部,但员工是最多的,工作最集中。餐饮部向客人提供三种需要:食物、饮料、服务,其中服务是前提,"留下良好的第一印象的机会只有一次",这已经成为以品质为服务业的口头禅。餐饮服务不仅是单纯的服务技巧,还包括酒店所提供的各项设施,是有形设施和无形设施组成的整体。是顾客消费过程中所感受到的一切行为和反应及感受,它的本质是员工的工作表现。

一、案例分析

(一)案例一:餐厅服务态度

在龙都餐厅一桌客人定菜时点了一只龙虾,龙虾做好上桌后,客人发现龙虾颜色不对,就问服务员"小姐,上次我在这儿吃的龙虾是白色的。为什么今天的龙虾肉颜色是粉色的?是不是不新鲜呀?"

服务小姐回答:"不是的,先生。龙虾肉颜色不同主要是品种不同。"

客人又问:"你们这供应的不都是澳洲龙虾吗?"

服务小姐不耐烦地回答:"人还有黑白呢,何况龙虾!"

结果客人被噎得瞠目结舌。

资料来源:《餐厅服务态度案例》,百度文库(wenku.baidu.com/view/a259d71b10a6f524ccbf85b2.html)。

案例分析:

本例相当于商品的售后服务咨询,菜已经端上桌。客人有不明白的地方,服务员应该按照服务提供规范的要求,用文明用语对顾客耐心解答。例如可以说:"龙虾虽产自澳洲,但又有东澳和西澳之分,因产地不同其肉颜色也不同。"而不能用一些不文明的用语向顾客搪塞,一旦引起顾客投诉将引起不良后果。

(二)案例二:报错名酒价格

5月20日21:00左右客人到达酒店,该包厢服务员小赵在给客人们介绍红酒时,为了让客人有更好的选择,给客人展示了92张裕与张裕窖藏,因为服务员小赵对酒水品种及价格都不熟悉,错把92张裕介绍成张裕窖藏,而92张裕比张裕窖藏价格高出150元,当客人选定要92张裕之后,服务员为其开启并斟满,然后退出包厢,将92张裕打入电脑账单时才发现价格报错了价,但酒已开启无法更换，买单时客人发现账单上红酒的价格跟服务员所报的价格不符，于是不愿补酒水的差价，并拒绝买单。服务员小赵意识到问题的严重性，马上将此事上报现场经理，在了解事情的经过之后，现场经理做出以下决定：从此账单中扣除错报的价格150元，真诚地向客人道歉，客人欣然买单，而因服务员错报的150元则由服务员本人承担赔偿责任。

资料来源：《酒店案例分析》，中国吃网（www. 6eat. com/DataStore/CardExpensePage/266219_0）。

案例分析：

此案例发生的原因主要是服务员没有熟记酒水价格造成。

1. 作为酒店服务员，应牢记所售商品的价格和特点，以向客人做出准确的推介。

2. 部门应将熟悉酒店产品尤其是部门产品作为重点培训内容，并进行考核。

3. 服务员在知道报错价格之后，应立即向客人说明或上报上级，并真诚道歉，让客人不至于有受骗之感。

二、餐饮部质量危机的内容

（一）餐饮部工作内容

餐饮部由三个部分组成：采购、餐厅、厨房。

1. 采购部

采购部负责订货，确定供应商；验收，负责食品的质量和供应商的评估；储存，保证所购食品的有效存放和库房的管理。

2. 餐厅部

一家餐厅，包括绿色植物、装潢、室内陈设、设备和服务人员，当一切呈现出干净整洁的外观时，客人对于他看不到的部分以及厨房的卫生条件的担忧就会烟消云散。相反，地毯上的一块油迹、椅子上的一块食物残渣、墙上的一个斑点，都会扫客人的雅兴。

3. 厨房

厨房每天按菜单及预订客人数量准备好食品原料，通知餐厅经理当日能提供的各项食品。厨房每天组织好菜品的制作，保证菜点质量。厨师长特别推荐的菜点或季节菜、时令菜、新产品，应时制定菜单，及时和餐厅协调，服务员应对新菜单培训掌握这些新菜单名称、风味特点、烹制方法，从而进行推销。餐饮部经常会出现人员不足或厨师长缺乏制作和管理水平，在餐饮行业中，厨师已经从后台走到了前台，变得越来越重要，有的一些甚至像明星一样闪耀，对一名专业厨师的要求也越来越严格。专业化和培训的标准化将给整个餐饮业带来巨大的变化。专业化的前提就是充分了解本专业的知识、思维敏锐、抓住重点。最重要的是，受到全面的厨房和餐饮知识培训，并了解真正的行为规范。

（二）餐饮部质量问题

1. 餐饮部工作人员的服务态度

对服务员服务态度优劣的甄别评定，虽然根据不同消费经验、不同个性、不同心境的宾客对服务态度的敏感度不同，但评价标准不会有太大差异。尊重需要强烈的客人往往以服务态度欠佳作为投诉内容，具体表现为：

（1）服务员待客不主动，给客人以被冷落、怠慢的感受。

（2）服务员待客不热情，表情生硬、呆滞甚至冷淡，言语不亲切。

（3）服务员缺乏修养，动作、语言粗俗，无礼，挖苦、嘲笑、辱骂客人。

（4）服务员在大庭广众中态度咄咄逼人，使客人感到难堪。

（5）服务员无根据地乱怀疑客人行为不轨。

2. 餐饮部的服务效率

（1）如餐厅上菜、结账速度太慢。在这方面进行投诉的客人有的是急性子，有的是要事在身，有的确因酒店服务效率低而蒙受经济损失，有的因心境不佳而借题发挥。

（2）食街客人投诉食街在酒店生意较好时上菜速度慢，而服务员在向客人解释时含混不清，造成客人多次退菜。

（3）餐厅服务效率低，即没有向客人提供快速敏捷的服务。如厨房厨师不能按时出菜或者是由于餐厅服务员较少，客人较多，客人所点的菜点久等不能服务上桌，因而引起客人的投诉。

（4）送餐服务怠慢。送点服务也有服务效率问题，即客人用电话在客房内点菜用餐，一般来讲，从客人用电话点菜开始，送餐服务效率标准的限定时间为：早餐30分钟、午餐35分钟、晚餐35分钟。超出服务效率限定时间被列为冷遇客人或低劣服务。

3. 餐饮部服务质量

（1）餐厅服务员将客人所点菜单与其客人所在餐桌席号搞错，最终出现服务员上菜与客人事先所点菜点不符，引起客人极大不快。

（2）宴会部主任在客人订餐时，没有问明订餐赴宴者是否要在正餐前安排鸡尾酒或其他有关活动，以致最终未能满足客人的要求，十分扫兴，造成客人不满和投诉。

（3）宾客订餐或宴会订餐，没有存档记录客人的订餐，更没有按时按日提供客人的订餐需求，从而造成客人的极大不满和投诉。

（4）当客人只是被告知，所点菜点佳肴由于某些原材料暂缺，一时不能提供客人所点菜点；但是客人并没有再次被照顾或提供服务，也没有被问明或被建议再改点什么其他菜点，加之服务员又去忙于其他客人或其他餐桌的客人，再也没有第二次回来为客人点菜服务；从而使客人被置于无人服务的冷遇境地。

（5）餐厅服务员或称看台员，忘记问明客人是否需要酒水、饮料；使客人感到自己是位不受欢迎和低消费的客人，令人看不起，因此引起客人的极大不满，造成投诉。

（6）餐厅服务员没有按着客人所点的菜点项目上菜。

4. 对餐饮部提供的食品质量

（1）在客人点的菜点佳肴中发现有其他外来脏物，会引起客人的投诉。

（2）由于服务不认真，向客人提供不洁净的酒杯、饮料杯、餐盘或其他不干净的银器等。

（3）餐厅服务员或清桌员没有认真、洁净地清桌，餐桌上仍然留有菜点脏物、水珠、面包碎屑等。

三、餐饮部质量危机原因分析

（一）酒店方面的原因

酒店方面的原因主要表现为消费环境、消费场所、设施设备未能满足客人的要求；员工业务水平低，工作不称职，工作不负责任，岗位责任混乱，经常出现工作过失；部门间缺乏沟通和协作精神，管理人员督导不力；对客人尊重程度不够；服务指南、宣传手册内容陈旧、说明不翔实等。

（二）客人方面的原因

客人方面的原因表现为对酒店的期望要求较高，一旦现实与期望相去甚远时，会产生失望感；对酒店宣传内容的理解与酒店有分歧；个别客人对酒店工作过于挑剔等。

四、餐饮部质量危机预防措施

（一）缓解顾客等待

对于顾客来说，等待意味着在一段时间必须放弃做其他事情，是会使人厌烦、焦虑甚至恼怒。对于酒店来说，过长时间的等待或者即使是预计较长时间的等待都会导致失去顾客。作为管理者，应想方设法缩短让顾客等待的时间，或者至少使等待变得容易忍受，最好是变得令人愉快或者能满足人们此刻的某种需求。

用餐时段由于客人到店比较集中，往往会出现客人排队的现象，客人会表现出不耐烦。这时就需要领班组长人员做好接待高峰前的接待准备，以减少客人等候时间，同时也应注意桌位，确保无误。做好解释工作，缩短等候时间，认真接待好每一桌客人，做到忙而不乱。

（二）提供微笑服务

管理人员及服务员应从根本上去挖掘"微笑服务"的内涵。世界著名酒店之王希尔顿曾深刻剖析了"服务中的微笑"所带给他的成功秘诀。在激烈的市场竞争中，酒店服务者唯有用心去体会客人的感受，为其提供特色服务并持之以恒地坚持下去，才能赢得更多的客人。礼节礼貌要求每天例会反复练习，员工见到客人要礼貌用语，特别是前台收银和区域看位服务人员要求做到一呼便应，要求把礼节礼貌应用到工作中的每一点滴，员工之间相互监督，共同进步。

（三）提高服务效率

针对服务人员在用餐高峰期的时候进行合理的调配，以领班或助长为中心随时支援忙档的区域，其他人员各负其责，明确各自的工作内容，进行分工合作。提倡效率服务，要求员工只要有客人需要服务时立即进行为客人服务。

（四）建立餐厅案例收集制度，减少顾客投诉概率

收集餐厅顾客对服务质量、品质等方面的投诉，作为改善日常管理及服务提供重要依据，餐厅所有人员对收集的案例进行分析总结，针对问题拿出解决方案，使日常服务更具针对性，减少了顾客的投诉概率。

五、餐饮部质量危机应急处理

酒店餐饮部质量危机应急处理是指针对餐饮部服务出现的质量问题，进行迅速妥善的处理。其内容主要是：

（一）上菜时机的控制

根据宾客用餐的速度、菜肴的烹制时间，掌握好上菜节奏。

（二）意外事件的控制

餐饮服务是面对面的直接服务，容易引起宾客的投诉。一旦引起投诉，主管一定要迅速采取弥补措施，以防止事态扩大，影响其他宾客的用餐情绪。

（三）人力控制

开餐期间，服务员虽然实行分区看台责任制，在固定区域服务（一般是按每个服务员每小时能接待20名散客的工作量来安排服务区域）。但是主管应根据客情变化，进行二次分工，做到人员的合理运作。

餐饮服务质量的控制和监督检查是餐饮管理工作的重要内容之一。在餐饮服务系统中，部门和班组是执行系统的支柱，岗位责任制和各项工作程序是保证，其共同的目的是给顾客提供优良的服务。

项目三　实践篇之内部因素

【实践思考】

1. 在包房服务中，客人索要电话，应该怎样处理？

2. 在包房服务中，客人邀请你入席同坐或饮酒，应该怎样处理？

3. 遇到无理刁难的客人，如客人要求你服务时不可弄出半点声响，否则投诉，应该怎样处理？

4. 宴会服务时，不小心把酒水洒到客人的身上、礼物上时，应该怎样处理？

5. 客人等待上菜时间过长，由于当天生意极好，无法及时上菜，客人非常生气，应该如何处理？

6. 遇到客人不会使用客用设备或吃饭时不懂吃法或搭配酱料的尴尬情况时，应该怎样处理？

7. 在餐厅就餐高峰期，客人趁人多跑单，应该如何处理？

8. 在餐饮就餐高峰期，发现小偷正在偷客人的钱物，应该如何处理？

餐饮企业优秀的服务案例①

来自山东的净雅餐饮集团，在业内一直传有良好的口碑。尤其，是其军事化管理模式，以及人性化的服务更是被业界津津乐道，所以，十分值得我们这些同行从业者学习观摩。

8月底的一天，来自河南的一家餐饮老板，特地来京，说是想在京找家优秀的餐饮企业进行观摩学习，我自然很容易想到了净雅酒店。于是我们相约在位于金宝街的净雅大酒店。

1. 进门的深刻印象

我和朋友刚下的士车，提包前行至净雅大酒店门口，首先是映入眼帘的是，穿着整齐制服的保安员，在疏导车辆，并主动给顾客打遮阳伞，拉车门送客。距离酒店大门还有3、5米，漂亮的迎宾小姐，已经主动上前迎来，满面春风："您好欢迎光临，我来帮您提行李吧？"，原来迎宾小姐看到我朋友在提着包来店消费，于是才有刚才那一幕。但是其主动上前迎客的一幕的确让我们产生了不错的第一印象。

点评：顾客进入餐饮或酒店的第一印象就是其整个用餐消费过程的第一步，当然第一印象是很重要的，毕竟有先入为主的判断。第一，很多餐饮店铺的保安人员的管理是个薄弱环节，由于岗位特殊，很容易造成管理的漏洞，而净雅的保安人员能够穿着干净，认真指挥疏导车辆，并能提供顾客服务，例如打伞、开车门等，也实属不易；第二，很多酒店把迎宾小姐，作为一个重要的形象招牌，所以，很多酒店餐饮的迎宾小姐越来越苗条，越来越漂亮，但是迎宾小姐的主要功能是"迎宾"二字，而不是像个花瓶一样傻站着，等候顾客上门。净雅这样的迎宾接待，就是要变被动式服务为主动式服务。

---

① 资料来源：职业餐饮网 http://www.canyin168.com/。

2. 入门的引领

进入餐厅大堂，首先就有接待服务员主动上前来问好，寒暄几句："您好，有预订吗？几位啊？"、"您是第一次光临净雅酒店吗？"接待员，彬彬有礼，不并无特别，至多感觉礼貌尤佳，训练有素而已，但是仍有难得是，一路上，无论遇到哪个级别的服务人员或是管理人员，都与我们进行目光接触式的问好，驻足点头示意："您好"！

点评：什么是服务？能让顾客有感知的服务才是有效服务。所以在服务的过程中，要特别留意，哪些过程容易给顾客留下感知。所以引领过程就是最好与顾客交流的过程，此外，其他员工的点头示意，是远远不够的。净雅为给顾客提供感知到的服务，所以，才要驻足、才要目光接触！

3. 专业的点菜服务

我和朋友找到一个靠窗的安静位置，专门负责点单的客服专员主动上前点单。净雅酒店是有专门人点菜的，熟练，热情而周到。我和朋友作为行业人士，自然在点单过程中，有小小刁难，——被其逐一化解。

问：您这里什么最好吃？

答：不知道您喜欢吃什么口味的呢？×××是我们的招牌菜，还有菜单上带有★的是我们的特色菜，也是顾客点击最高的菜品。（随之，特别介绍了两道）

点评：类似的回答我们问了几个，服务员都能从容应对，肯定是训练有素的结果。

根据我们的喜好，和她的介绍，我们点了几道带有★的特色菜。服务专员还主动向我们递赠了名片，并表示随时欢迎我们光临。

点评：整个服务流程，到此仅仅是不错，顺畅而舒服，暂时还没有体会到净雅服务的过人之处。点菜的重点是在于：第一，点单人员的彬彬有礼，以及大方而熟练的介绍；第二，对于顾客特殊问题的熟练回答，这体现了净雅人训练有素，且反应灵活；第三，主动介绍自己（呈递名片），有助于拉近与顾客的距离，并有效地进行服务的延伸，给顾客就餐质量的保障。

4. 感动的就餐等待过程

如果说刚才的一幕幕还是中规中矩的话，那么随后的服务，可真的不得佩服净雅的贴心周到了。菜品点完，闲聊几句，朋友起身去洗手间。我看一道菜还没有上来（其实没有等多久，只是自己习惯性的东张西望下而已），就抬起头看看工作柜边上的服务员。她似乎已经知晓了我的用意，马上冲我微笑下，拿起内部电话，和后厨沟通催促起我的菜来，并且通话过程中，始终面向顾客，并面带微笑，并主动上前来告知，我们的菜品会有两分钟出来，让我们稍等会儿。一会朋友就坐，上来一道特色凉菜，突然，另外一个服务员端来一碗热气腾腾的类似冰糖银耳的汤品，送到我的朋友面前："刚才听您说，您有些感冒不舒服，这是厨房师傅特地炖的银耳汤，您先尝尝，祝您早日康复"。一番话语，舒服而亲切，如沐春风，什么烦恼忧愁都会云开雾散了。这碗汤，实在是出乎我和朋友意外，因为我们根本没有特意的用此来考验他们，完全是我们闲聊提到的，尽管我们也从业多年，也不断教导员工要察言观色，要为顾客主动提供这些超值服务，但是我们自己却是第一次以顾客身份享受这种待遇，我们有备而来都有些许感动，普通顾客自然会更容易被深深地感动吧。

点评：净雅的服务，远非平常餐饮提倡的僵硬的"四勤"（眼勤，口勤，手勤，脚勤）服务，而更多的是变成另外一个层次，即多关注顾客需求，多察言观色，不断寻找时机点做针对性服务。旁边一桌老年人，因为中间提到了其中一位顾客属牛，服务人员就及时通知后厨上果盘时，雕刻了牛的主体，并由服务人员亲自呈递："祝您身体健康，就像这头奔牛一样身体硬朗"，两个服务员，在一旁，边寒暄，边赞许顾客，两个老人家听的高兴极了。此外，在等待过程中，净雅的服务人员，会告知我们菜品需要等候的时间，以免我们会焦急地等待。

5. 熟练的处理投诉技巧

如何处理投诉或是突发事件，是最考验服务人员或是餐饮管理人员功力的了。我们既然要看到净雅的良好服务，就必然要用此法来考验下。用餐途中，因为上菜员上了一道"××干锅鱼杂"，我们尝了下，口感稍微腥了些，并有些东西，不知道是鱼的什么部位（往常湘菜的鱼杂一般为鱼肚鱼鳔之类），就告知服务员，口感不佳，且问这是什么，那是什么。服务员这次也有些慌手脚，不过她马上说，先咨询下厨师，马上再来回答，等她问清楚了之后，告知我们原来净雅的鱼杂是精选一种大鱼的内脏制作的，我们所疑问的是鱼的内脏而已。不过我们仍然有些不依不饶："口感太腥了，而且卖相不佳，完全不像是净雅这么高档的餐厅出品的"并试探性地询问："退掉吧，重新做一个别的菜"。本以为，服务员会面带不悦，解释一大堆。但是，事情还是依据我们的意见进展了："真的很抱歉，菜品不佳给您带来了就餐不愉快，我先把菜品撤下吧，马上重新为您点单"。于是，我们就重新点了另外一道价格同等的菜品。还特意问了下，退下的菜品是如何处理，会不会让服务员买单？我们还问了："如果顾客这么容易就退掉了菜，那以后顾客故意退菜品那岂不是亏大了啊？"服务员回答得很巧妙："不会的，我们相信来净雅消费的顾客都是很有素质的，如果他们对我们的菜品不满意，那说明我们的菜品真的有需要改进的地方，我们感谢还不及呢"。先抬高顾客，再说明问题，给顾客面子和台阶，是不是真的回答巧妙呢？

点评：处理好顾客投诉，能有效地缓解顾客的不满，而造成顾客的流失。净雅就做得很好，能勇于承担责任，尤其是一线的服务人员，都可以及时地处理顾客投诉，而不是东解释，西解释，最后服务员推给领班，领班推给主管，主管推给经理，最后还是该打折，打折；该送券，送券；往往到了上一层的时候，顾客的小投诉，已经不可收拾，投诉处理的满意效果会随着我们一级一级地向上反映而逐层递减。所以，让顾客投诉尽快消失，甚至在最基层员工消失，就需要管理层更多地授权给员工，并且培训员工，要勇于承担责任，不要推脱，敏捷反应，及时处理。要相信顾客不是为了自讨没趣而无理取闹的，绝大多数顾客都期待一个愉快的就餐体验的，服务人员和顾客不是对立面，而是像朋友一样的关系。

6. 处理投诉的背后

餐点更换完了，我们也用餐差不多了，菜品的确口感不错，卖相不错。我和朋友，边闲谈，边想着和服务员聊天，想知道他们是如何处理退回菜品的。服务员告知，的确是后厨出品质量不佳，才造成我们有这样的反馈，并对我们的意见表示感谢。私下里我们还知道，原来净雅对产品质量要求很严格，一旦出现这些问题，会追究责任归属，属于哪一方，哪一方要负责赔偿的。另外，在服务过程中，如有打碎器具也是会赔偿的。

点评：不知道这些回答，是否也是经过训练的，或是经过管理组同意才可以向顾客透露的。因为这些也不算是什么机密可言，而让顾客进一步地了解净雅管理的严谨，以及服务人员的工作辛苦。私下还知道了，原来净雅的员工工资也并不高，和同档次餐厅，工资相近，但是据说其他福利不错，详情未问，但是制服是自己洗的，干干净净，竟然是自己洗出来的，回想很多餐厅服务员的脏制服，还要说出很多理由来，还真的羞愧。其中一名服务员告知，他们都有经过在威海训练总部的军训才可以上岗的，很是辛苦，女服务员要练习拖托盘（四个酒瓶的水），还要做俯卧撑!? 当面前这个瘦弱的小服务员告知我们她可以做五十个时，我有点惊呆了。想想自己餐厅中的服务员也太弱不禁风了。那么辛苦为什么还要在净雅工作？"因为在净雅可以学到很多东西"她很自豪而肯定地回答。这句话很朴素，也很实际，但是可以让很多餐饮学习很多很多。

7. 把军事化管理延伸到日常的管理中

提到净雅的服务，就不得不提净雅独具特色的军事化管理。这些您如果不亲身经历恐怕还是理解不深入。大概下午 3 点钟左右，是净雅餐厅的早中班交接时间。突然听到了，军队整队般的声音，声音不大，但是还是能听得清楚，"稍息，立正!""向右看起! 向前看! 报数!"哇噻! 心中不由得赞叹和惊讶。"餐厅里搞这一套? 太夸张了吧?"，说这话的朋友其实内心还是充满了嫉妒。怪不得净雅的服务人员，个个站立行走都英姿飒爽，原来奥秘就在这里! 净雅的服务人员全部经过威海总部的军训，自然个个精神抖擞。军训的过程，除了对人身体的训练，更重要的是对人意志的锻炼，此外军队的管理气氛还有效地提升了员工的责任感，荣誉感，团队精神以及执行力的认知能力。

点评：这次军事化的餐饮例会，我还真是第一次看到。很多酒店餐饮开业前会进行军训，但是大多时间偏短，且力度不够，更难说军训之后还会保持"军人"本色，再加上服务行业流动性大，自然是"麻袋换草袋，一代不如一代"!

8. 结账送客

用餐完毕，带着众多的感叹，我和朋友准备结账离开。因为朋友远道而来，还想去临近的宜家超市逛逛，所以咨询服务人员如何去宜家超市，服务员一一作答，并写了如何乘车等的小纸条给我们，并一路送我们出门，欢迎我们下次光临。我想以后还是会再次光临净雅的，它的确值得我们享受!

资料来源：职业餐饮网，http：//www.canyin168.com/。

任务四　酒店质量危机管理——康乐部

在酒店的众多部门中，康乐部是现代酒店一个新兴起的部门，一些中外合资的大酒店都设立了康乐中心或成立了康乐部。如上海的希尔顿酒店、新锦江酒店、喜来登酒店、华亭宾馆；北京的长城酒店、丽都假日酒店；广州的白天鹅宾馆、中国大酒店等四、五星级宾馆、酒店都具有较完备的康乐设施，其他一些涉外酒店不同程度地也有自己的康乐设施。康乐在整个旅游酒店中的作用越来越显示出来了。不少旅游者常常就是选择某酒店的康乐设施完善，或对某一次活动感兴趣而投宿的。康乐设施的完善与否，康乐器械的现代化程度和先进性，都会吸引着众多的顾客，越来越受到旅游者和公众的青睐，酒店的经济效益就收到了满意的效果。很多旅游热点的酒店，康乐部的经济收入在整个酒店带来综合效益。所以，康乐设施是否完善，是酒店竞争市场的重要手段。

一、案例分析——该不该让客人进去

（一）案情介绍

某酒店规定，住店客人可以免费观看酒店的特色表演，但是要凭磁卡钥匙或者住房卡才能进入。陈先生和他的一个同事共住一个标准房间。白天陈先生和他的同事分头去找不同的客户洽谈。晚上回到酒店，由于磁卡钥匙是由同事保管的，陈先生没法进到房间，所以就想去观看特色表演消磨时间。可是他又没有带磁卡钥匙，住房卡也放在了房间内。按照规定，陈先生这样是不能进去观看节目的。

请问：多功能厅的迎宾小姐该不该让陈先生进去观看特色表演？

资料来源：《酒店服务案例》，百度文库（wenku.baidu.com/view/080da2f8941ea76e58fa04f1.html）。

选择：

1. 让客人付一笔押金，如果事后证实他确实是酒店的住客，再退给他也不迟。

分析：因为房费里已经包含了特色表演的价格，再要求客人支付押金，既不合理，又有悖于产品设计和组合的基本原则。

2. 让客人先观看表演。

分析：若让客人先观看表演，则服务人员失职了。如果发生逃账、漏账，迎宾小姐将承担责任，除个人赔款外，班组和部门的利益都将受到影响。

3. 迎宾小姐可用电脑直接与总台联系，询问客人的房号、姓名和付款方式。

分析：若询问结果与客人所述相符，可请客人签字，写明房号后进入功能厅观看表演。这种处理方式简洁明了。

（二）案例评析

酒店的服务虽然有各种硬性规定，但是更多的时候是需要灵活处理的。这就需要酒店服务人员在不损害酒店利益，又顾及顾客感受的前提下随机应变地处理好各种书面规定之外的意外情况。特别是对具有一定时效性的特色表演，错过演出时间就无法再为客人弥补，所以如何应对就更需慎重处理。

为住店客人提供更优质、更人性化的服务时酒店经营者们一直追寻的目标。当客人利益可能与酒店利益产生冲突时，如何妥善加以协调和均衡，是酒店服务人员需要加以研究和深思的问题。

二、酒店康乐部质量危机的表现

（一）服务效率

服务人员听到有客人召唤，应该立即答应；听清客人的吩咐后，应该立即行动；不能满足客人的要求，应该及时说明原因；提供服务应该迅速、准确；对营业高峰期等候的客人应说明特别照顾，妥善安排，并表示歉意。

（二）服务意识差

客人到店消费，有理由要求得到较高的心理和精神满足，服务人员必须提供主动、周到的服务和保持热情、礼貌的态度。

（三）服务人员不礼貌

某些情况下，这是因服务人员工作太忙而忽略客人造成的误会。所以，无论工作多忙，服务人员在路遇客人时，都要使用服务用语问候客人或者让路、示意客人先行；跟客人讲话或者客人跟服务人员讲话时，服务人员应放下手中的工作，切忌边干边听；遇到自己无法满足客人要求的情况，应该去找上级或者其他服务员帮助，务求使客人满意。

（四）服务人员索要小费

某些情况下，是因为个别服务人员变相（如暗示）索要小费，使客人不满意而投诉。小费是国际上通行的客人对服务质量表示满意的表达方式，因此，必须对收取小费的管理作出明确规定，做好这一环节的控制。

（五）客人的失物无法找回

这是引起客人不满意的一个方面，我们在工作中一定要注意让客人保管好自己的物品。如果发生客人丢失物品的情况，应积极协助客人寻找。

（六）设备维修不及时

设备、用具损坏，服务人员没有及时发现和报修，甚至在客人提出后又没能及时通知维修人员或者维修人员不能及时赶到处理。

（七）用品不足

用品不足，客人久唤不补或者补不上。

（八）客人受到骚扰

比如服务人员走错房间、认错客人或者治安管理不善造成客人受到干扰等。

（九）康乐设备、用具、用品、棉织品不清洁

不清洁会给客人留下不好的印象，会让客人认为康乐部的质量较低，故应

避免。

（十）客人的消费权益受到侵害

比如，质价不符等商业欺诈行为。

（十一）客人提出意见和建议遭到拒绝

员工对客人提出的意见或者建议应该虚心接受，即使认为客人的意见不合理也不要拒绝，因为这样会给客人留下不好的印象。

三、康乐服务质量控制原则[①]

（一）系统性与连续性统一原则

康乐服务质量管理的核心，就是做好各岗位员工之间、部门与部门之间、员工与客人之间，以及服务人员与管理人员之间的协调。因此，服务质量管理是全方位、全过程、全体人员的系统工作。同时，必须保持其服务质量控制体系的连续性，实现服务质量的稳定性，以获得长远的社会效益和经济效益。

（二）指挥统一性原则

各级岗位的服务与管理人员，都必须严格贯彻执行岗位工作责任制，不得越级指挥或者越级汇报。坚持指挥统一性原则是服务质量管理控制的关键所在，否则，将极大地损害上级管理人员的形象，挫伤现场管理人员的积极性，造成上级对下级管理失去控制。当然，服务质量控制的指挥统一性并不与走动式服务管理模式上级深入实际的要求相矛盾，只是要求服务管理人员在发现下级问题的时候采取正确的指挥方式。

（三）科学性与适应性统一原则

服务质量控制的适应性，是指必须建立针对外部消费者的文化习俗、本企业所在地的地域特色、季节差异、市场环境的变化、服务产品技术的更新，而调整服务质量控制规程和标准的制度创新机制，它强调服务质量控制的针对性。两者的辩证关系是，服务质量控制的科学性决定其适应性，服务质量控制的适应性保证其科学性，即所谓科学的，才会是适应的；适应性强的，才表明是更科学的。

（四）控制关键环节原则

服务质量控制的目标，是使服务过程中的各个环节都能得到有效监督、检查和控制。但是，只有控制住一些关键环节的服务质量，才能较好地控制服务过程，服务技巧是关键环节；在保健类项目服务过程中，技能是关键环节；在娱乐项目服务过程中，组织能力是关键环节。所以，服务质量控制的步骤，首先是对这些关键环节进行定性和定量的监督、分析、评定和控制。

---

①　资料来源：康乐经营管理，豆丁网（www.docin.com/p－91562247.html）。

（五）注重专业技术原则

康乐类项目的服务人员的专业和技术水平，直接影响康乐服务质量控制结果。例如，保健类项目的服务和管理人员操作技能水平，娱乐类项目的工作人员的专业技术知识和技能水平，都会直接影响服务质量。所以，必须对录用员工制定和执行严格的专业技术条件要求；对在岗人员服务操作中执行专业技术规程情况进行严格的监督、检查、考核、评比和奖惩。

（六）服务管理灵活原则

服务质量控制应该坚持系统性、科学性和指挥统一性的原则，保证服务质量控制的规范性和严肃性。同时，在此前提下，还应该根据内部项目多，经营规律差异比较大的特点，贯彻服务管理灵活的原则。根据客人的感受，调整操作体位、手法和力度；根据经营和市场的需要，制定不同的市场营销组合等。

四、康乐部质量控制的具体内容

1. 康乐设施设备的质量管理

（1）建立和健全设施的使用与管理制度。包括：设备的选择评价管理制度、设备的维护保养制度、设备的合理使用制度、设备的修理管理制度、设备事故分析与处理制度、设备点检制度、设备档案管理制度等。

（2）完善设施设备管理方法。包括：建立设备的技术档案，做好分类编号工作，制定正常操作设施设备的程序与规范、分级归口、岗位责任制、设备使用效果考核制度、维修保养规程等。

（3）合理使用康乐设施设备。实行专职负责制，做到"三好"（管好、用好、修好）、四会（会使用、会保养、会检查、会排除故障）。

2. 康乐部服务质量的管理

（1）加强对服务人员的专业技术培训以及相关能力的指导。培训与指导内容包括设施设备的性能、结构和特点解析；运动器具的性能、作用和使用方法的培训；设施设备维护保养的相关知识培训等。

（2）完善服务程序及标准，加强制度化管理。建立完善的项目服务程序及工作标准，规范各服务岗位的作业程序、技术要求和质量标准，建立、健全服务运作流程所应遵循的各种规章制度，制定完善、详尽的服务规范，明确各服务岗位的责、权、利关系，做到服务运作程序化，服务质量标准化，服务管理制度化。

（3）实施标准化与个性化相结合的服务方式。服务项目的多样性带来服务方式的多样性。

3. 康乐环境与气氛质量管理

（1）场所场址的质量管理

康乐场所对于空间的依赖性较强，场址选择应科学合理，能够起到烘托康乐项目的质量效果而满足宾客的生理与心理需求。

（2）康乐场所的空间布局

康乐场所良好的空间布局应能够既充分利用有限的空间，使场所得到合理的空间与功能分割，又能保证客人的活动与服务人员的服务提供顺畅而又不相互干扰；既能功能分隔明显又能动静结合。

（3）设施设备的质量管理

主要控制设施设备的工作噪音和运作状态，防止由于设施设备的工作噪音和不良的运作状态影响康乐环境与气氛的质量。

（4）声、光、电、湿度的有效管理

声、光、电、湿度的有效控制应根据康乐场所和项目的不同而有不同的选择与控制。

（5）服务环境的质量管理

部分项目都为顾客参与型项目，客人活动与服务人员的服务提供混杂在一起，现场的服务环境控制与服务管理相对较为困难，需要配备服务素质高、专业技术水平高、有较强应对突发事件能力的服务员，以保证服务环境得到较好的控制。

4. 康乐安全质量管理

（1）康乐安全问题主要体现在以下几个方面：因设施设备问题而造成对客人的伤害；偷盗；名誉损失；打架斗殴；黄、赌、毒。

（2）康乐安全质量管理。

安全质量管理是指为了保障在康乐场所的客人、员工的人身和财产安全以及酒店自身的财产安全而进行的计划、组织、协调、控制与管理等系列活动，从而使在康乐场所的相关人员能够得到安全的保障。内容包括：

①制定科学、完善的康乐服务设施设备使用标准与服务工作程序规范，对设备设施进行安全质量控制与管理，对服务人员进行安全意识、安全知识教育和服务的安全行为控制。

②对场所各区域的环境进行安全质量控制，包括设置专门的机构和保安人员维护场所的秩序，设置各种安全设施设备等。

③各种安全管理制度的建立与管理。包括安全管理方针、政策、法规、条例的制定与实施，也包括安全管理措施的制定与安全保障体系的构建与运作。

④建立有效的安全组织与安全网络。

⑤安全监控系统的质量控制与管理。

⑥紧急情况的应对与管理。

五、酒店康乐部质量危机预防

（一）制定服务质量标准

服务与消费的统一性，决定了服务质量是不可能经过检验合格后再向客人提供而获得质量保证的，服务质量只能依赖于服务过程中的质量控制。而进行有效控制的首要条件，就是制定科学、实用的质量标准，并做到每一项控制工作都依照这些标准来进行。

1. 卫生要求

卫生要求包括：营业场所的环境卫生；客用设备、用具的卫生；员工的个人卫生；以及其他要求，如员工的仪容仪表等。

2. 安全要求

安全要求包括：安全检查；安全操作；财产安全；生命安全。

3. 服务态度要求

服务态度在服务质量标准中占有最重要的比重，它主要通过职业微笑和服务用语表现出来。

（1）职业微笑的要求

是指当服务人员在客人到达、离开和在工作通道上遇见客人时，以及服务人员为客人提供操作服务或听清客人的要求时，其面部表情应该有反应。职业微笑属于专业服务技术范畴。它并不必然反映员工发自内心的热情、友善的服务态度，而只是一项服务规程，服务人员必须人人执行。

（2）服务用语的要求

服务操作时有无语言，客人的感受是完全不同的，服务用语是与客人心理交流的"金钥匙"，是康乐服务的核心服务技术，也是服务质量的重点和难点，具有明显的不可仿照性和不可替代性。员工熟练使用标准服务用语是企业实现规范服务的重要标志。

（3）服务效率的要求

员工工作效率低是出现客人投诉的最主要原因之一。因此，制定的服务质量标准应有明确的效率要求，对服务工作中的各个环节都应有时限的要求。

（二）严格执行既定的服务规程和质量标准

服务质量管理的关键环节是有关管理人员反复检查、监督服务人员对服务规程和标准的执行情况，并且使之制度化、日常化、规范化、标准化，要把检查和监督作为部门中各级管理人员的主要日常工作，这样，才能保证服务质量标准的落实。另外，必须根据检查结果对服务人员按照服务质量管理制度进行奖惩，才能真正地及时纠正服务人员不规范的服务行为，教育本部门所有员工树立良好的服务意识，以便最终落实各项服务质量标准。

（三）评估和改进服务质量

服务质量客观地评估是以客人在消费结束后对康乐服务的反映和评价为依据的，因为这样的质量评估才能真正成为改进服务质量的牢固基础。我们可以通过以下渠道获得客人对产品质量的反映：

1. 客人的投诉

投诉是客人以比较激烈的方式向康乐部反映其服务质量问题，是被动获得客人评价其服务质量的主要信息渠道。我们如果能认真听取、妥善处理顾客的投诉，不但可以及时发现、纠正服务质量问题，甚至可以化被动为主动，通过处理投诉，使客人感受到服务员良好业务素质，增强客人对服务的理解和信息。所以，康乐部应以积极的态度，设置专门的渠道和配备专门人员，鼓励、方便客人投诉，并能设身处地地为客人着想，挽回不合格服务给客人造成的不良印象。当然，更为重要的是问题解决之后，及时总结经验教训，避免类似的服务质量问题再次发生。

2. 客人的言行

客人表达对康乐服务产品质量不满意的方式是多种多样的。当这种不满意程度不是很深，或者客人的涵养很高，或者客人的性格内向，再或者客人认为其不满意的服务内容并非是其主要预期时，就不选择向酒店投诉。但是，他们会用其他一些方式表达他们的不满。比如不悦的表情、私下的议论、向亲友抱怨等，当然，向新闻单位、消费者协会等酒店外部机构投诉，甚至向法院起诉，也是表达其不满的方式。显然，这些方式给康乐部带来的负面影响比客人直接向康乐部投诉要严重得多。对此，我们必须有深刻的认识，并注重在服务质量控制中主动观察、主动发现、主动消除客人的不满。有效的方法是从客人的表情及与亲友的讨论中捕捉信息，了解客人不满的内容。

3. 客人意见卡

我们也可以采取更加主动的方式了解顾客的意见，其中，收集"客人意见卡"是一项持续有效获取信息的方法。

4. 有关员工的反映

值班人员、服务人员都会直接接触客人的意见和建议，如果这些意见和建议通过他们能够迅速、真实地反映给上级，将会成为改进服务产品质量的可靠信息。

（四）进行服务质量教育工作

质量教育是推行质量管理的前提。涉及全岗位、全过程、全体人员的服务质量管理，不可能只依靠管理人员完成，而要靠全体服务人员的积极性和创造性。服务质量教育工作包括两个方面的内容："质量第一"的思想教育和个别服务的意识培养。前者是教育服务人员自觉执行服务规程和标准，后者则是教育他们树立为客人提供超值服务的精神。严格执行服务规程和标准是提供规范化服务的基础；提供服务规程外的个别服务是实现超常服务，使客人感到超值享受的秘诀。只有持续进行服务质量教育，才能逐步培养出自觉、主动控制服务质量的康乐服务与管理队伍，达到服务质量控制的更高境界。

【实践思考】

1. 在康乐部服务时，客人对你毛手毛脚，应该如何处理？

2. 当你为客人送上酒水，客人强拉你陪喝，应该如何处理？

3. 客人酒后闹事，应该如何处理？

4. 客人在 KTV 或者迪厅耍酒疯，侵犯其他女孩子，应该如何处理？

5. 客人坏笑着向你询问酒店特殊服务，应该如何处理？

6. 案例分析

一日，A 大酒店接到一姓周的先生电话投诉，他几日前在该大酒店 10 楼棋牌室打牌时将一个电话本遗留在房间，事后，他打电话到大厦 10 楼询问服务员是否有拾到，当时服务员称电话本在服务台，待其前来领取时却说没有，后客人再次打电话来问，此时服务台说有。周先生于是派司机来取，却发现不是他那本。（据了解，当初服务员说有电话本，客人来取时又说没有，是因为电话本在交接班时弄丢了。）

试问：

（1）此事该如何处理？

（2）简述投诉处理"七个一"原则。

（3）应当如何处理客人遗留物品？

任务五　酒店质量危机管理——员工流失

员工流失一直是困扰酒店管理者的难题。随着知识经济时代的到来以及人们生活节奏的加快，员工流失正变得越来越频繁。

流动率是指一定时期内从业人员的调入、调出之和与从业人员平均人数之比。在其他行业，正常的人员流动率一般应该在 5%~10%，作为劳动密集型企业，酒店的流动率也不应超过 15%。但据中国旅游协会人力资源开发培训中心对国内 23 个城市 33 家 2~5 星级酒店人力资源的一项调查显示，近 5 年酒店业员工流动率高达 23.95%，随着酒店业竞争的日趋激烈，员工流失率一直居高不下。

项目三 实践篇之内部因素

需要特别指出的是，酒店所需要或招聘的一些高学历、高层次的管理人才流失情况更加严重。他们往往是在参加酒店培训完后，掌握了一定的技术技能和服务意识后，选择了跳槽。

一、案例分析

（一）案例一：核心员工跳槽引发经营危机

某知名酒店集团非常重视员工培训，并成立了员工培训中心，新招来的员工一到酒店就被送到培训中心接受长达一年的业务培训，全部费用由酒店承担。至2004年，该培训中心已先后培训了5届员工。然而。由酒店花大本钱培训的员工，特别是核心员工在近两年先后跳槽。在第一届参加培训的40人中只10人留在酒店时，并没有引起酒店管理者的关注，他们认为这是偶然现象，以至于第二届、第三届也只剩下7人。在问及离职原因时，离职员工大都认为：自身价值得不到体现，缺乏晋升机会，绩效与薪酬不挂钩，工资和福利待遇差，致使员工在工作中常常心不在焉，工作绩效下降，服务态度差等。面对大量人才流失，酒店现在已无心培训员工，害怕培训后的员工翅膀硬了，酒店留不住，白白为他人作嫁衣，于是取消了员工培训中心，员工服务水平与技能每况愈下，酒店口碑大不如前，致使人才流失更为严重，酒店经营陷入危机。

资料来源：豆丁网（www.docin.com/p-56393366.html）。

（二）案例二："回聘"使他死心塌地

A酒店员工李明，1999年大学毕业后就在一家知名的酒店做总经理助理。其间，有不少公司想挖他，而且薪水开得很高，但是，都遭到了他的拒绝。这么好的机会，他为什么放弃呢？原来，早在2000年，该酒店就已针对主动辞职员工设立"回聘"制度。2001年，李明曾向酒店主动提出辞职。当他临走前，总经理对他说："你是名优秀的员工，只要你想回来，我们永远欢迎你，以后若有什么困难。尽管来找我。"这些话，使李明倍感温暖，铭记于心。第二年，他又回到了A酒店，并且比以前更加努力地投入工作。他常常对同事说，他喜欢这里的工作环境。总经理待人和气，对于下属的工作从不多加指责，如果有不同意见和建议，总经理总是非常委婉地提出来，然后一同商量解决，给员工的承诺也能一一兑现；公司的同事非常热情，如果在工作中遇到困难，他们都尽心尽力地提供帮助。在这种良好的环境下工作，谁又愿意离开呢。

资料来源：豆丁网（www.docin.com/p-56393366.html）。

（三）案例评析

以上两个案例分别从正反两方面揭示了酒店人才流失的危机管理问题。案例一中，酒店员工接受培训后，知识、技能都将有不同程度地提高，为酒店创造的价值比以往有了成倍甚至数倍地增长，而此时，酒店却没有意识到这些改变，仍以从前的价值观来衡量这些员工，没有向员工提供较好的福利待遇和发展空间，薪资与绩效没有挂钩，于是，对酒店越来越失望的员工纷纷离职。还有一些经过培训，能力有了明显提高的酒店管理人员，希望自己有升迁的机会，但是没有得到酒店的赏识，因此，这些核心人才的流失也就成为必然。参加第一届培训后的人才大量流失和员工的消极服务态度，并没有引起酒店管理人员的关注与思考，表明酒店没有人才流失的危机意识，更谈不上建立人才危机预警机制；酒店面对员工离职时，没有采取任何积极的挽留措施，以致酒店人才大量流失，危及酒店的经营、财务以及信誉等各个方面，使酒店陷入全面危机。

案例二中的 A 酒店面对人才流失，则采取了积极的挽救措施，针对主动辞职员工设立"回聘"制度，这从人力资源管理制度上体现了一种开明的态度，更多地表现了一种对人才的渴望，及时挽留了酒店人才，避免了酒店人才流失危机的发生。

二、酒店业员工流失的特点

（一）流动率高

据中国旅游协会人力资源开发培训中心对国内 23 个城市 33 家 2~5 星级酒店人力资源管理与开发的调查统计，五年平均流动率为 23.95%。

（二）酒店星级越高，流动率越大

四、五星级酒店员工流动率为 25.74%，二、三星级为 20.15%；合资酒店员工流动率高于国有酒店。

（三）人才流失快

外语好、学历高、能力强、年龄不大，且处于管理岗位及专业技术岗位的人才流动频繁。

三、酒店员工流失的原因分析

酒店员工流失原因的分析研究表明，一般情况下，单一因素是不足以促使员工采取跳槽行动的，导致员工流失的原因常常是多方面的。从我国的情况来看，导致酒店员工产生跳槽念头的主要有以下几个方面因素：

（一）酒店的原因

1. 工资待遇水平低

酒店业已经度过了高利润的时期，其平均工资在劳动力市场上不具有竞争性，与新兴的一些产业，如物流、电信、银行、空乘等，出现较大的差距，不足以吸引市场上的劳动力。同时由于没有建立起合理的薪酬制度和激励机制，员工工资福利偏低，缺乏工作热情和积极性。他们往往为寻求更高的工资水平和福利待遇而跳槽。

2. 缺乏长远的人才规划

酒店对人才的规划缺少长远观念，对员工岗位缺乏设计和分析，没有明确的培养目标，没有达到人力资源的合理和有效的配置。有些酒店的管理者由于管理理念的偏差，存在着"只使用，不培养"的现象，而且酒店为保证自身的发展能够拥有充足的后备力量，往往招收大量高学历人才，他们对酒店的期望值很高，却站在一些缺乏挑战性的岗位上、晋升通道狭窄、发展空间不大，酒店也没有在招进来之后为其制定个人职业发展规划和培训计划，使得就业心态与实际定位出现问题，便出现了"招进来，留不住"的现象。忽视员工的个人发展，甚至因利益冲突而对员工的发展设置障碍。使员工工作成绩得不到认可，或者感受不到来自上级的关心和尊重，使得一些员工的工作技能和自身才能没有施展的空间，导致员工对酒店失去信心。

3. 酒店内部缺乏有效的沟通

酒店缺乏与员工之间必要的交流。这种沟通与交流的缺乏，使得员工对酒店工作环境产生不认同感和不信任感，无法融入其中并发挥自己的工作才能。酒店没有建立起与员工互相的忠诚模式，没有创造出有利于员工忠诚于酒店的环境。

（二）员工自身原因

1. 员工缺乏个人的职业规划

酒店中有大量的低技能、不需要经验的工作岗位，这些岗位的在职的员工一般都将这个岗位当作是过渡性的，并没有把它看作是长期的职业。酒店业的技能很容易渗透到其他服务行业，所以员工很容易跳到其他服务性行业。在我国还存在着一种的观点：干酒店工作吃的是青春饭。在这种传统思想的支配下，一些年龄较大的员工就会考虑跳槽。而这部分员工往往有较长的工龄，对酒店业务的运作流程和工作环境也很熟悉。因此，该部分员工的流失会对酒店的服务质量产生很大的影响。

2. 受家庭、工作协调能力和人际关系的影响

由于行业的特殊性，一方面部分员工因工作时间长或工作时间冲突，无法保证自己正常的家庭和社会生活而离职的。另一方面，酒店内部，特别是一些老的国有酒店内部，人际关系过于复杂和紧张，同事之间的配合不够默契，因无法忍受这种压抑的环境，需要寻求更优的工作环境。

3. 个人价值得不到体现

因为酒店是一个服务性行业，要以客为尊，员工无法从工作中得到像其他高新技术行业那样的满足感。员工自我感觉个人价值得不到充分实现，工作成果得不到认可，毫无成就感，使员工缺乏工作的积极性。

4. 员工心态不稳定

酒店内一部分员工是初入社会的大学生，好高骛远，眼高手低，自我定位甚高，对酒店工作的严谨和艰苦无法适应，导致跳槽。而且酒店内大多员工都是年轻人，打工挣钱心切，开销又太大，需要寻求更高的薪酬，与其他行业相比，酒店的工资水平大大低于其他高新技术行业。

5. 员工个人服务技能和综合素质有待提高

随着申奥的成功，酒店的国际化，在星级酒店中，酒店的各方面水平都有所提高，在外语方面更是有一定的要求，而大多数员工都是中专生和高职生，外语水平很难跟上，在这种压力之下，员工大多会选择离职。

（三）外部因素

一方面，来自社会压力。传统观念里，服务性行业并不被社会所尊重，认为在酒店工作是低人一等的观念也是导致员工离职的一个重要因素。由于目前的工资水平和发展无法满足自己的期望，希望寻求更好的发展。另一方面，来自家庭的压力。因为酒店工作朝九晚五，无法按正常的作息上下班，两者不可同时兼顾得好，势必在一定程度上影响了家庭生活。

酒店业竞争激烈，新开张的酒店急需拥有一定管理经验的中高层管理人员和熟悉酒店设备的工程技术人员。这就加剧了行业内的"挖墙脚"，酒店优秀人才也会"择木而栖"，导致了一定程度上的人才流失。

四、员工流失对酒店的影响

（一）不利影响

1. 服务质量下降

员工的流动，特别是熟练员工的频繁离职使酒店的服务质量下降，而刚刚参加培训完的新员工在工作能力上又与熟练工有一定的差距，还不能完全胜任所在岗位，技能的生疏和对酒店业务的不熟悉，使酒店难以保证以往的服务质量，从而影响了酒店形象的建立。

2. 工作效率下降

员工的大量流失，使酒店原有的生产率得不到保障，剩下的员工往往要身兼数职，从而导致自身的疲惫不堪，使得本职工作的效率降低。同时，也会因高强度的劳动和过长的工作时间而产生抵触心理，从而影响酒店业务的正常运行。

3. 替换与培训成本大

一名酒店员工由新手到熟练工，要经过各种培训，如进店培训、轮岗培训和具体部门培训，需要花费一笔不小的支出。熟练工的流失势必影响了酒店的运作，酒店需要寻求新的替代者来接手其工作。随着对员工素质及要求的提高，这一类培训也日益受到重视，这一类成本更是大大增加。

4. 客源流失

一名优秀的员工不但在工作上能给管理者留下好印象，在顾客中也会留下好口碑。客人也会因其优质的服务而再次选择该酒店。优秀的员工在平时的接待工作中也会与部分客人建立良好的关系，为酒店争取到客人的回头率和对酒店的忠诚度。这些员工的流失很可能影响客源的数量。

5. 影响其他员工的工作积极性

部分员工的流失会对其他在岗的员工的工作态度及情绪产生不利影响，员工在潜意识里也会觉得还有其他的选择机会存在。特别是看到离职的员工获得了更好的职位或发展机遇，或因为跳槽而得到更多的收益时，留在工作岗位上的员工就会蠢蠢欲动，工作的积极性也会因此而大打折扣，极大地影响了士气。一些从未考虑过寻求其他工作的员工也会留意或开始寻找新工作，使酒店员工更大范围的流失。

6. 对酒店品牌的影响

在内，员工的流失被理解为员工对现状的不满，引起人心的浮动和不必要的揣测，增加了酒店管理工作的难度。对外，给酒店信誉也带来了一定的负面影响，直接或间接地损害了苦心经营的品牌形象，失去了很重要的无形资产。

（二）有利方面

酒店员工的流失在某种程度上来说也有积极的一面，若流出的是低素质的员工，从而能够引进高素质的员工的话，无疑有利于酒店的发展，有利于员工整体素质的提高，促进酒店管理的有序进行和酒店企业文化的建设。同时新员工的进入能够给酒店带来新的思想，新的技能，新的观念和工作方法，给酒店注入新的血液，增强酒店的活力，形成新的文化，提高酒店工作效率和服务质量，吸引更多的客人，增强酒店的竞争优势，在同行业中处于领先地位。

员工从高星级的酒店流向低星级的酒店，对低星级酒店来说无疑是有利的。这不仅是单纯的人员流入，更是代表新文化、新思想的引进，是一种新的管理理念的产生。在某些方面，低星级酒店可以吸取高星级酒店的经验，借鉴其高明之处，避免犯一些不必要的错误，少走一些弯路，在一个相对短的时间内，提高自身的服务和管理水平。

五、酒店员工流失危机预防

（一）人力资源招聘

在进行人员招聘前，首先要把握人力资源的市场供求状况，收集同行业及其他行业的人力资源状况和人事政策，做到知己知彼。其次是在招聘过程中要塑造良好的酒店形象，注重招聘工作人员亲和力和招聘工作的科学性、先进性和严谨性。酒店的招聘工作必须采用公平对待的原则，以保证达到任人唯贤的目标。同时还要注意与应聘者进行平等、有效的沟通。因为在酒店招聘的同时，也是应聘人员选择酒店的过程，这是酒店与应聘者进行双向选择的过程。最后还要注意招聘的投入和有效成果，毕竟酒店招聘是一项风险投资。

（二）人力资源配置

人力资源配置是一个重要的环节，不仅要科学计划，合理定员，还要科学用人，进行动态管理。

1. 制定长远的人才培养规划

在进行工作的系统分析和人力资源预测，了解具体职位所需要的人才类型、数量和具体要求后，酒店人事部门在此基础上还应制定详细的人事计划，包括拟订人员招聘计划，人员安排和使用计划，系统的培训计划和长远的人才培养规划。

2. 科学定员

根据酒店等级、规模设计、业务组织形式、劳动手段的现代化程度、劳动效率和酒店业务经营情况定员。在编制定员时还必须注意定员标准的先进性和合理性，使人力资源得到最佳的配置。既达到高效节约，又能保证酒店业务的正常运转，避免劳逸不均的现象。

3. 建立完善的用人机制

酒店应考虑被使用人的兴趣爱好和个人志愿，充分尊重每一个人的选择权，鼓励员工勇于"自荐"，用其当愿。酒店应知人善任，用人所长，根据个人能力素质和群体对比情况，充分发挥个人才能和群体的完美结合，用其当长，用其当群。

4. 建立淘汰和约束机制

建立相应的淘汰机制和约束机制，坚持优化组合、竞争上岗，达到优化酒店的小环境，淘汰不适合员工，保持人员的适度流通，改善员工队伍素质，实现人力资源的最佳配置。同时，为了防止同行业之间"挖墙脚"的不良行为，酒店必须建立和完善员工的流动管理制度，以制度约束和规范员工的流动。

（三）人力资源培养

酒店应当营造良好的人才成长环境，为员工创造一个利于个人发展的空间。

1. 制定激发人心的远景规划

把酒店的远景规划和员工的个人成长结合起来。从员工出发，建立起一个可操作的、系统的员工职业生涯计划，增强员工的凝聚力，使员工产生强烈的归属感，同时员工也会把自身发展和酒店发展联系起来，个人利益与酒店利益相统一，达到共赢。

2. 营造员工认同的企业文化环境

企业文化赋予酒店更多的思想性和人情味，具有时代特色和人文精神。酒店应通过各种形式来鼓舞员工的情感，平衡员工心理，激发员工智慧，调动员工积极性和创造性。培育酒店精神，使之成为员工的共识，向顾客和社会传递其独特的服务理念，有利于树立酒店形象，从而促进员工对酒店的认可，维系员工的忠诚度。

3. 建立良性互动的交流和人际环境

努力培养员工与员工之间、领导与员工之间，酒店与员工之间的信任度，创造积极沟通的人际氛围和学习氛围。建立聆听机制，多多听取一线员工的意见。积极参与培训，并及时向员工提供信息。

4. 适时授权给员工

授权给一线员工，使其有权力做出决定，提高员工的参与度，使员工感觉自己被重用，激发其工作积极性，挖掘个人潜力。

5. 构建人才成长的制度环境

重视对人才的系统性培训，实行员工报酬和酒店当期经营业绩挂钩的制度。促进酒店发展，调动员工的工作热情。在酒店规模达到一定程度时，应积极推行管理者期权和骨干人员持股，以调动核心人才的主动性和积极性。

（四）人力资源激励

1. 建立科学的薪酬制度

物质激励是酒店最重要和最基本的激励制度，也是员工最为重视的，通过酒店的薪酬制度表现出来，具体包括工资制度、奖金制度和福利制度。酒店应坚持按劳分配的原则，综合考虑同行业工资水平，酒店条件，员工贡献和学历职称等因素，合理设置工资等级。在奖金和福利制度的设计前需要与员工进行沟通，并遵循公平、竞争、激励、经济、合法的原则。

2. 赏罚分明，创造公平的竞争环境

压力既有负面影响，也有其正面价值，没有压力感的生活就没有挑战性。在适度的压力下，人才能够得到超常发挥。针对压力有激发人们潜力的作用，酒店应考虑创造压力来激励员工。酒店管理者把行业竞争的危机和有限的升迁、奖励、加薪机会传达给员工，激励员工在争取荣誉的同时提高绩效，实现与酒店的共同发展。同时还应采取"末位淘汰制"来制造一种竞争的文化气氛，员工在竞争压力下较量，优胜者会因为其获得的成就感和工作的认可受到鼓舞，酒店也会因这种竞争压力而鞭策后进者。

3. 激发员工主人翁精神

酒店关注的大多是它对客人的责任，往往很少考虑到对员工的责任与忠诚，当

酒店只把人才当做花钱雇来的打工仔，对其呼之即来挥之即去，员工便会在合适的条件允许下跳槽。因此，酒店要予以引导给予重视，使员工意识到酒店业绩的好坏同每个员工的利益息息相关，获得丰厚报酬的同时能得到成就感与如家般的关怀，使得员工将自己的利益最大化与酒店的利益最大化结合起来，方能做到双赢。

4. 关注员工的切身利益，为员工制订个人职业发展计划

关心员工的生活、住房、求学等日常生活中出现的问题，稳住员工队伍。同时，酒店应为员工制订个人发展计划，以适应快速变化的环境，并协助员工学习各种专业性知识和技能，帮助员工对目前自己所拥有的技能进行评估，结合酒店发展的需求，使自己各方面的发展符合酒店变化的需求。通过给予员工丰富的进修和培训机会，能够降低员工流失率，有利于提高员工队伍的整体素质。

总之，在酒店行业竞争日趋激烈的今天，员工的流动已是不可避免的现象，酒店经营者和管理者唯有积极寻找这种现象产生的原因和解决办法，努力使员工流动合理化，让这种流动适应整个行业的发展和社会经济的发展，才能使自己的酒店经营管理在激烈的竞争中保持领先水平。

六、酒店员工流失危机应急处理

面对员工主动辞职，酒店总经理应了解员工的离职心理，及时对员工进行沟通与挽留，使员工感受到酒店的感召力和对人格的尊重。

酒店应成立人员流失危机管理小组，选择那些熟悉酒店员工队伍和酒店行业内部环境，有较强领导能力、沟通能力、细致严谨、处乱不惊、具有亲和力的管理人员或专业人员来总览全局，迅速做出决策。此时，管理人员需要沉着冷静，果断决策，而不可拖延时间，否则，危机可能进一步恶化、蔓延，甚至引发其他危机。因此，及时采取有效措施是酒店化解人才流失危机的关键。

(一) 系统调查

对人才流失的原因和企业采取的相关预防和处理措施进行系统调查。酒店可以在员工辞职时要求其填写专门的辞职表格，询问其离职原因等；在人才流失一段时间后，酒店人力资源部派人跟踪调查，了解人才流失的真相。

(二) 全面评价

在了解人才流失的真正原因后，酒店管理人员应对危机管理工作进行全面评价，包括对危机预警系统、危机决策方案和危机处理后果等各方面作出评价，列出危机管理工作中存在的各种问题。

(三) 提出对策

对问题进行分析，分别提出整改对策，督促各部门改进工作，防范人才流失危机的再度发生。

【小结】

本项目通过对酒店危机内部因素的分析，使得大家了解和掌握酒店的消防安全危机管理、治安事故危机管理、卫生安全事故危机管理、服务过失危机管理、安全隐患危机管理、质量危机管理等。

【实训练习】

叫醒服务过失的代价

小尧是刚从旅游院校毕业的大学生，分配到某酒店房务中心是为了让他从基层开始锻炼。今天是他到房务中心上班的第二天，轮到值大夜班。接班没多久，电话铃响了，小尧接起电话："您好，房务中心，请讲。""明天早晨5点30分叫醒我。"一位中年男子沙哑的声音。"5点30分叫醒是吗？好的。没问题。"小尧知道，叫醒虽然是总机的事，但一站式服务理念和首问负责制要求自己先接受客人要求，然后立即转告总机，于是他毫不犹豫地答应了。当小尧接通总机电话后，才突然想起来，刚才竟忘了问清客人的房号！再看一下电话机键盘，把他吓出一身冷汗——这部电话机根本就没有号码显示屏！小尧顿时心慌，立即将此事向总机说明。总机告称也无法查到房号。于是小尧的领班马上报告值班经理。值班经理考虑到这时已是三更半夜，不好逐个房间查询。再根据客人要求一大早叫醒情况看，估计十有八九是明早赶飞机或火车的客人。现在只好把希望寄托在客人也许自己会将手机设置叫醒。否则，只有等待投诉了。

早晨7点30分，一位睡眼惺忪的客人来到总台，投诉说酒店未按他的要求叫醒，使他误了飞机，其神态沮丧而气愤。早已在大堂等候的大堂副理见状立即上前将这位客人请到大堂咖啡厅接受投诉。

原来，该客人是从郊县先到省城过夜，准备一大早赶往机场，与一家旅行社组织的一个旅游团成员汇合后乘飞机出外旅游。没想到他在要求叫醒时，以为服务员可以从电话号码显示屏上知道自己的房号，就省略未报。

资料来源：《酒店服务案例：叫醒失误的代价》，中国酒店招聘网（www. hoteljob. cn/a/20090113/7300836. shtml）。

问题：

（1）本案例中，哪些环节出现服务过失？

（2）酒店如何处理这次叫醒服务过失？

（3）在酒店管理中，应当如何预防此类的服务过失产生？

【思考题】

1. 火灾的危害有哪些？酒店应如何预防火灾？

2. 作为酒店工作人员，在酒店发生火灾时应如何处理？

3. 作为前厅服务人员，在入住登记时，应查验客人的哪些证件？应注意什么？

4. 对超过访客时间，依然滞留客人房间的访客，你如何处理？为什么？

5. 酒店服务过失的影响是什么？

6. 酒店产生服务过失后如何补救？

7. 酒店应当如何有效地预防服务过失的产生？

8. 酒店发生意外爆炸事故该如何处理？

9. 酒店电梯发生故障，客人被关在电梯里，如何处理？

附录 1

《中国旅游饭店行业规范》

第一章　总则

第一条　为了倡导履行诚信准则，保障客人和旅游饭店的合法权益，维护旅游饭店业经营管理的正常秩序，促进中国旅游饭店业的健康发展，中国旅游饭店业协会依据国家有关法律、法规，特制定《中国旅游饭店行业规范》（以下简称为《规范》）。

第二条　旅游饭店包括在中国境内开办的各种经济性质的饭店，含宾馆、饭店、度假村等（以下简称为饭店）。

第三条　饭店应当遵守国家有关法律、法规和规章，遵守社会道德规范，诚信经营，维护中国旅游饭店行业的声誉。

第二章　预订、登记、入住

第四条　饭店应当与客人共同履行住宿合同，因不可抗力不能履行双方住宿合同的，任何一方均应当及时通知对方。双方另有约定的，按约定处理。

第五条　饭店由于出现超额预订而使预订客人不能入住的，饭店应当主动替客人安排本地同档次或高于本饭店档次的饭店入住，所产生的有关费用由饭店承担。

第六条　饭店应当同团队、会议、长住客人签订住房合同。合同内容应当包括客人入住和离店的时间、房间等级与价格、餐饮价格、付款方式、违约责任等款项。

第七条　饭店在办理客人入住手续时，应当按照国家的有关规定，要求客人出示有效证件，并如实登记。

第八条　以下情况饭店可以不予接待：

（一）携带危害饭店安全的物品入店者；

（二）从事违法活动者；

（三）影响饭店形象者（如携带动物者）；

（四）无支付能力或曾有过逃账记录者；

（五）饭店客满；

（六）法律、法规规定的其他情况。

第三章　饭店收费

第九条　饭店应当将房价表置于总服务台显著位置，供客人参考。饭店如给予客人房价折扣，应当书面约定。

第十条　饭店应在前厅显著位置明示客房价格和住宿时间结算方法，或者确认已将上述信息用适当方式告知客人。

第十一条　根据国家规定，饭店如果对客房、餐饮、洗衣、电话等服务项目加收服务费，应当在房价表或有关服务价目单上明码标价。

第四章　保护客人人身和财产安全

第十二条　为了保护客人的人身和财产安全，饭店客房房门应当装置防盗链、门镜、应急疏散图，卫生间内应当采取有效的防滑措施。客房内应当放置服务指南、住宿须知和防火指南。有条件的饭店应当安装客房电子门锁和公共区域安全监控系统。

第十三条　饭店应当确保健身、娱乐等场所设施、设备的完好和安全。

第十四条　对可能损害客人人身和财产安全的场所，饭店应当采取防护、警示措施。警示牌应当中外文对照。

第十五条　饭店应当采取措施，防止客人放置在客房内的财物灭失、毁损。由于饭店的原因造成客人财物灭失、毁损的，饭店应当承担责任。

第十六条　饭店应当保护客人的隐私权。除日常清扫卫生、维修保养设施设备或者发生火灾等紧急情况外，饭店员工未经客人许可不得随意进入客人下榻的房间。

第五章　保管客人贵重物品

第十七条　饭店应当在前厅处设置有双锁的客人贵重物品保险箱。贵重物品保险箱的位置应当安全、方便、隐蔽，能够保护客人的隐私。饭店应当按照规定的时限，免费提供住店客人贵重物品的保管服务。

第十八条　饭店应当对住店客人贵重物品的保管服务做出书面规定，并在客人办理入住登记时予以提示。违反第十七条和本条规定，造成客人贵重物品灭失的，饭店应当承担赔偿责任。

第十九条　客人寄存贵重物品时，饭店应当要求客人填写贵重物品寄存单，并办理有关手续。

第二十条　饭店客房内设置的保险箱仅为住店客人提供存放一般物品之用。对没有按规定将贵重物品存放在饭店前厅贵重物品保险箱内，而造成客房里客人的贵重物品灭失、毁损的，如果责任在饭店一方，可视为一般物品予以赔偿。

第二十一条　如无事先约定，在客人结账退房离开饭店以后，饭店可以将客人寄存在贵重物品保险箱内的物品取出，并按照有关规定处理。饭店应当将此条规定在客人贵重物品寄存单上明示。

第二十二条　客人如果遗失饭店贵重物品保险箱的钥匙，除赔偿锁匙成本费用外，饭店还可以要求客人承担维修保险箱的费用。

第六章　保管客人一般物品

第二十三条　饭店保管客人寄存在前厅行李寄存处的行李物品时，应当检查其包装是否完好、安全，询问有无违禁物品，并经双方当面确认后，给客人签发行李寄存牌。

第二十四条　客人在餐饮、康乐、前厅行李寄存处等场所寄存物品时，饭店应当当面询问客人寄存物品中有无贵重物品。客人寄存的物品中如有贵重物品的，应当向饭店声明，由饭店员工验收并交饭店贵重物品保管处免费保管；客人事先未声明或不同意核实而造成物品灭失、毁损的，如果责任在饭店一方，饭店按照一般物品予以赔偿；客人对寄存物品没有提出需要采取特殊保管措施的，因为物品自身的原因造成毁损或损耗的，饭店不承担赔偿责任；由于客人没有事先说明寄存物品的情况，造成饭店损失的，除饭店知道或者应当知道而没有采取补救措施的以外，饭店可以要求客人承担相应的赔偿责任。

第七章　洗衣服务

第二十五条　客人送洗衣物，饭店应当要求客人在洗衣单上注明洗涤种类及要求，并应当检查衣物状况有无破损。客人如有特殊要求或者饭店员工发现衣物破损的，双方应当事先确认并在洗衣单上注明。客人事先没有提出特殊要求，饭店按照常规进行洗涤，造成衣物损坏的，饭店不承担赔偿责任。客人送洗衣物在洗涤后即时发现破损等问题，而饭店无法证明该衣物是在洗涤以前破损的，饭店承担相应责任。

第二十六条　饭店应当在洗衣单上注明，要求客人将送洗衣物内的物品取出。对洗涤后客人衣物内物品的灭失，饭店不承担责任。

第八章　停车场管理

第二十七条　饭店应当保护停车场内饭店客人的车辆安全。由于保管不善，造成车辆灭失或者毁损的，饭店承担相应责任，但因为客人自身的原因造成车辆灭失或者毁损的除外。双方均有过错的，应当各自承担相应的责任。

第二十八条　饭店应当提示客人保管好放置在汽车内的物品。对汽车内放置的物品的灭失，饭店不承担责任。

第九章　其他

第二十九条　饭店如果谢绝客人自带酒水和食品进入餐厅、酒吧、舞厅等场所享用，应当将谢绝的告示设置于经营场所的显著位置，或者确认已将上述信息用适当方式告知客人。

第三十条　饭店有义务提醒客人在客房内遵守国家有关规定，不得私留他人住宿或者擅自将客房转让给他人使用及改变使用用途。对违反规定造成饭店损失的，饭店可以要求入住该房间的客人承担相应的赔偿责任。

第三十一条　饭店可以口头提示或书面通知客人不得自行对客房进行改造、装饰。未经饭店同意进行改造、装饰而造成损失的，饭店可以要求客人承担相应的赔偿责任。

第三十二条　饭店有义务提示客人爱护饭店的财物。由于客人的原因造成损坏的，饭店可以要求客人承担赔偿责任。由于客人原因，饭店维修受损设施、设备期间导致客房不能出租、场所不能开放而发生的营业损失，饭店可视其情况要求客人承担责任。

第三十三条　对饮酒过量的客人，饭店应恰当、及时地劝阻，防止客人在饭店内醉酒。客人醉酒后在饭店内肇事造成损失的，饭店可以要求肇事者承担相应的赔偿责任。

第三十四条　客人结账离店后，如有物品遗留在客房内，饭店应当设法同客人取得联系，将物品归还或寄还给客人，或替客人保管，所产生的费用由客人承担。三个月后仍无人认领的，饭店可登记造册，按拾遗物品处理。

第三十五条　饭店应当提供与本饭店档次相符的产品与服务。饭店所提供的产品与服务如果存在瑕疵，饭店应当采取措施及时加以改进。由于饭店的原因而给客人造成损失的，饭店应当根据损失程度向客人赔礼道歉，或给予相应的赔偿。

第十章　处理

第三十六条　中国旅游饭店业协会会员饭店违反本《规范》，造成不良后果和影响的，除按照有关规定进行处理外，中国旅游饭店业协会将对该会员饭店给予协会内部通报批评。

第三十七条　中国旅游饭店业协会会员饭店违反本《规范》，给客人的人身造成较大伤害，或者给客人的财产造成严重损失且情节严重的，除按规定进行赔偿外，中国旅游饭店业协会将对该会员饭店给予公开批评。

第三十八条　中国旅游饭店业协会会员饭店违反本《规范》，给客人人身造成重大伤害或者给客人的财产造成重大损失且情节特别严重的，除按规定进行赔偿外，经中国旅游饭店业协会常务理事会通过后，将对该会员饭店予以除名。

第十一章　附则

第三十九条　饭店公共场所的安全疏散标志等，应当符合国家的规定。饭店的图形符号，应当符合中华人民共和国旅游行业标准 LB/T001—1995 旅游饭店公共信息图形符号。

第四十条　中国旅游饭店业协会会员饭店如果同客人发生纠纷，应当参照本《规范》的有关条款协商解决；协商不成的，双方按照国家有关法律、法规和规定处理。

第四十一条　本《规范》适用于中国旅游饭店业协会会员饭店。

第四十二条　本《规范》自 2002 年 5 月 1 日起施行。

第四十三条　本《规范》由中国旅游饭店业协会常务理事会通过并负责解释。

附录 2

《中国饭店行业突发事件应急规范》

前　言

为预防和减少中国饭店行业突发事件的发生，控制、减轻和尽量消除突发事件导致的严重危害，规范突发事件应对活动，全面促进饭店行业健全突发事件应急管理体制，提高应急处置能力，中国旅游饭店业协会依据《中华人民共和国突发事件应对法》、《旅游突发公共事件应急预案》和《中国旅游饭店行业规范》及有关法律、法规，结合饭店行业的特点，特制定《中国饭店行业突发事件应急规范》。

本规范由中国旅游饭店业协会发布并负责解释。

本规范主要起草人：蒋齐康、许京生、谷慧敏、付钢业、刘卫、徐锦祉、杨小鹏、张润钢、王济明、张志军、甘圣宏、马伟萍。

本规范于 2008 年 6 月 11 日发布，自发布之日起试行。

总　则

第一条　本规范适用于在中国境内开办的各种类型的饭店，含宾馆、饭店、度假村等。

第二条　本规范所称饭店行业突发事件，是指在饭店所负责区域内，突然发生的对客人、员工和其他相关人员的人身和财产安全，造成或者可能造成严重危害，需要饭店采取应急处置措施予以应对的火灾、自然灾害、饭店建筑物和设备设施事故、公共卫生和伤亡事件、社会治安事件，以及公关危机事件等。

第三条　饭店行业突发事件应急管理应贯彻预防为主、预防与应急处置相结合的原则，把应急管理贯穿于饭店管理的全过程，创造安全和谐的饭店环境。

第四条　饭店应成立突发事件应急指挥机构，在突发事件发生时起到协调、统一领导以及快速决策等作用。

第五条　饭店应从实际出发，根据自身的特点，结合本规范制订具体的、符合自身情况的应对危机预案。

第六条　饭店出现超出本规范所列出的类似事件，应依据本规范中的各项原则进行处理。

第一篇 预防准备

第一章 预案建立

第七条 饭店应建立健全突发事件应急预案体系。饭店应遵循法律、法规及相关规定的要求，结合饭店的实际情况，制订相应的突发事件应急预案，并根据实际需要和形势变化，及时修订应急预案。

第八条 饭店应针对突发事件的性质、特点和可能造成的危害程度，对突发事件具体细分等级，制定相应的应急管理程序与制度。

第二章 管理机构

第九条 无论是来自业主方任命还是管理公司派遣，饭店总经理都应是饭店突发事件应急管理第一责任人。总经理和相关管理人员需熟悉本饭店应急管理预案的全部内容，具备应急指挥能力。总经理可授权相关管理人员或机构处置应急事件，但需对处置结果承担责任。

第十条 饭店应安排总经理等高级行政管理人员及各主要部门的负责人，组成危机领导小组或类似的组织作为突发事件应急管理指挥机构，并有效规定所有成员的职责。应急管理指挥机构可视情况需要，在必要时组建现场控制中心及媒体信息中心，并安排相应的执行人员负责推进和落实各项应急处置工作。

第三章 制度体系

第十一条 饭店总经理应切实贯彻国家和上级有关突发事件应急管理的各项法律、法规，保障饭店的营运安全和客人、员工的人身、财产安全；保证饭店应急预案体系健全，操作顺畅有效；落实并有效监督应急管理责任制；妥善处理内部矛盾，对各种安全隐患及时提出整改意见；提高各项技术防范措施的科技含量；为各项预防准备工作争取必要的资金投入。

第十二条 饭店员工应熟悉本岗位的突发事件预防与应急救援职责，掌握相关的应急处置与救援知识，按规定采取预防措施，进行各项操作，服从饭店对突发事件应急处置工作的统一领导、指挥和协调。由本店员工组成的专职或者兼职应急救援队伍在现场执行任务时，应佩戴相应的识别标志，听从现场指挥人员的命令。

第十三条 饭店应定期对所辖区域内容易引发各类突发事件的危险源、危险区域和工作环节进行调查、登记、风险评估，定期检查本店各项安全防范措施的落实情况，掌握并及时处理本店存在的可能引发突发事件的问题，明确提示和要求有关部门、员工及客人采取相应的安全防范措施。

第十四条　饭店应建立健全突发事件应急处置培训制度，对店内负有处置突发事件职责的员工定期进行培训，对本店员工和客人开展应急知识的宣传普及活动和必要的应急演练。

第十五条　危机发生时，各部门和各岗位可视情况需要，立即组织开展力所能及的应急救援和采取紧急控制措施，并立即向饭店突发事件应急管理指挥机构汇报，由其统一领导应急处置工作。各部门负责人应坚决执行各项指令，并及时提供相关的专业建议。事件发生现场的部门负责人应保证与应急管理指挥机构的有效联络，根据指令在现场带领员工实施各项处置工作，并及时通报现场情况。

第十六条　饭店应明确应急处置工作的组织指挥体系，制定和强化各部门及各岗位应对突发事件的责任制度，确保本店突发事件应急处置的各项规定能得到切实实行。

第十七条　饭店应通过制订相应的应急沟通计划和公共关系处理流程，指定相应的部门与人员，负责在应急管理期间，与员工、客人、上级主管单位、相关政府部门及机构、新闻媒体等的信息沟通事宜。

第四章　物资准备

第十八条　饭店在筹建、重建或装修改造时，应在功能规划上充分考虑预防、处置突发事件的需要，统筹安排应对突发事件所必需的设备和基础设施建设，合理确定应急避难场所。有条件的饭店可以在消防控制中心建立突发事件控制中心，便于所有信息和指令的传递。

第十九条　饭店应为本店的各种交通工具和相关场所配备报警装置和必要的应急救援设备、设施，注明其使用方法，并显著标明安全撤离的通道、路线，保证安全通道、出口畅通。应以自检和配合上级主管单位与相关政府部门及机构检查相结合的方式，定期检测、维护其报警装置和应急救援设备、设施，使其处于良好状态，确保正常使用。

第二十条　饭店应在消防、电源线路设置、电器设备使用、特种设备使用、危险物品管理、建筑施工等方面严格执行有关安全生产的法律、法规，加强日常维护、保养，保证安全运行。

第二十一条　饭店应在重点要害部位、设施和设备上，设置便于识别的安全警示标志。尤其注意要在客房内的显著位置张贴或放置应急疏散图、客人安全须知等安全提示；在落地式玻璃门、玻璃窗、玻璃墙等设施的显著位置设立警示标志；在店内设置能覆盖饭店所有区域的应急广播系统、特殊区域的应急对话设备等。

第二十二条　饭店应建立健全应急物资储备保障制度，完善重要应急物资的监管、储备、调拨和紧急配送体系。明确应急检查清单的内容、应急联系的相关部门与机构和相关人员的联系方式，以及需要配备的各种应急物资等。

第二篇　应急反应

第五章　应急程序

第二十三条　饭店应建立突发事件信息收集系统，通过相关制度的制定和程序的实施，要求各部门和所有人员及时、客观、真实地报告突发事件信息，严防迟报、谎报、瞒报、漏报和传播虚假信息等现象的发生。

第二十四条　先遇到或发现突发事件的员工应及时向饭店相关部门及上级领导汇报。汇报内容应基于当时的实际情况，尽可能多地提供各种相关信息，尤其是事件发生的时间、地点、涉及人员、简要经过和可能的原因，对人身、财产、饭店、周边社区可能造成的影响，需采取的行动和已采取的行动等。部门负责人或值班人员在接到突发事件报告后，如获悉有人员死亡、伤员需救治、设备设施严重受损、明显存在安全威胁等情形，应立即向总经理或其授权代表汇报。

第二十五条　总经理或其授权代表在接到突发事件报告后，应尽快赶赴现场进行实地调查，并视情况安排总机或采用其他方式通知饭店应急处置指挥机构的相关人员共同调查并参与商讨，及时汇总分析各种信息，对可能造成的影响进行评估，决定是否上报上级突发事件应急机构、公安机关或消防机关、管理公司及业主公司和对媒体进行披露等。

第二十六条　如饭店发生造成或可能造成严重社会危害的突发事件，则应按规定立即向上级主管单位和相关政府部门及机构报告。

第六章　应急处置

第二十七条　饭店所采取的突发事件应急处置措施，应与突发事件可能造成危害的性质、程度和范围相适应。在突发事件发生时，应坚持客人和员工安全至上的原则，首先应最大限度地保护客人和员工及其他相关人员的生命安全，其次应最大限度地保护财产安全，尽量避免或减少损失。

第二十八条　饭店应根据突发事件的性质和可能造成的危害，及时启动应急预案。

第二十九条　饭店应及时向客人和员工发布有关采取特定措施避免或者减轻危害的建议、劝告；组织营救和救治受伤人员，转移死亡人员；视情况需要，转移、疏散并撤离易受突发事件危害的客人、员工并妥善安置和采取其他救助措施。

第三十条　饭店应及时转移客人和饭店的重要财产及客人、员工及饭店的重要资料。

第三十一条　饭店应迅速控制危险源，标明危险区域，封锁危险场所，划定警戒区，控制或者限制容易导致危害扩大的生产经营活动并采取其他保护措施，确保物品和饭店财产的安全。

第三十二条　饭店应实施应急沟通计划和公共关系处理流程，有效处理与客人、员工、上级主管单位、相关政府部门及机构、新闻媒体和社区公众等的信息沟通工作。

第三十三条　如相关政府部门及机构已开始介入突发事件的应急处置与救援工作，饭店应听从统一的指挥和安排，积极主动参加和配合应急救援工作，协助维护正常秩序。

第三十四条　突发事件的威胁和危害得到控制或者消除后，饭店应采取或者继续实施必要措施，防止发生突发事件的次生、衍生事件或者重新引发社会安全事件。

第三十五条　突发事件应急处置工作结束后，饭店应有效实施各种救助、补偿、抚慰、安置等善后工作，妥善解决因处置突发事件引发的矛盾和纠纷，尽快恢复正常经营管理秩序。

第三十六条　饭店应对突发事件造成的损失进行评估，对经验教训进行总结，及时查明突发事件的发生经过和原因，总结突发事件应急处置工作的经验教训，制定改进措施。

第三篇　常用预案要点

第七章　火灾

第三十七条　火灾，指凡在时间上或空间上失去控制的并对财物和人身造成损害的燃烧现象。在各种灾害中，火灾是最经常、最普遍的威胁人身安全、财产安全的主要灾害之一。

第三十八条　饭店应成立突发事件应急处置中心以及消防控制中心，便于发生火灾时，统一处理各种突发事件和协调安排各个部门。任何员工若发现有异常的燃烧味、烟雾或火焰等迹象，应先观察火情，并在第一时间报告饭店消防控制中心。

第三十九条　饭店突发事件应急处置指挥机构应及时全面了解具体情况，决定是否下达向消防机关报警、疏散人员、转移财物等指令。及时组织店内应急救援队到指定地点集结，合理分配人力，安排灭火组控制、扑救火情；安排抢救组抢救重要物资、危险品；安排疏散组疏散现场人员；安排救护组负责对现场伤员、残疾客人和行动不便的客人进行救护、转移。

第四十条 饭店消防控制中心在获知报警信息或发现烟感、温感等报警设施启动时，应立即安排人员赶往现场，甄别火情，组织现场人员扑救初起火灾，并视情况决定是否按火情级别通知电话总机启动相应的紧急联络程序；同时，还应视情况及时启动灭火设施、应急广播系统、疏散照明系统、防火卷帘系统、防火门系统以及排烟、送风系统，监控报警系统其他报警点。

第四十一条 在火灾发生时，各部门应按照上级命令统一行动，各司其职。在负责紧急处理的人员到达之前，各部门员工应尽可能留在现场，并与消防控制中心随时保持联系，以便及时提供具体的火情信息。同时，应尽可能使用安全、快捷的方法通知火情周边处于危险区域的不知情者，并视情况使用离现场最近的消防器材控制火情。当饭店下达紧急疏散指令后，要保持各通道畅通，疏散客人及员工到建筑物外指定的安全区域，并及时反馈执行情况。

第四十二条 保安部负责人应迅速到临时指挥部协助指挥，并安排人员组织现场扑救和人员疏散工作，报告火势情况，监视火势发展，判断火势蔓延情况，维持店外秩序，保障消防车通道顺畅，加强对饭店所有出入口的监控，阻止无关人员进入饭店。工程部应安排负责人视火情关闭空调、停气、断电、启动应急发电机等，确保消防电梯正常使用，解救电梯内被困乘客，保证喷淋泵和消火栓泵供水等，确保应急发电机正常运行，消防水源正常供应和排烟、送风等设备正常运行。前厅部应通知电话总机确保店内通信畅通，打印住店客人名单，维持饭店大堂秩序，清除门前障碍。客房部应安排人员迅速清理楼层内障碍物，统计各个楼层的客人人数，对来电询问的客人做好安抚、记录工作。餐饮部应安排人员立即关闭所有厨房明火，安抚就餐客人。人事部应及时通知医务室做好救护伤员的各项准备，迅速统计在店员工人数，安排宿舍管理员组织在宿舍的员工随时待命。财务部应组织外币兑换处及各收银点和各下属办公室的员工收集和保管好现金、账目、重要单据票证等，通知电脑机房做好重要资料的备份、保管工作，做好随时根据指令进行转移的准备。饭店总经理办公室应及时向饭店所有承租店家通报情况，集结饭店所有车辆，随时按要求运送伤员，做好饭店重要档案的整理及转移准备。

第四十三条 火灾后，饭店应安排人员拍摄受影响区域，协助前台部门及财务部门整理损失清单并上交饭店，以便送至保险公司。在必要检查之后，经总经理同意采取补救措施，将受影响营业区域恢复成正常状态。按顺序在记录本上记

酒店危机管理

录所有细节，准备好募集证人和相关人员名单，协助在调查中需要援助的人员。

第八章　自然灾害

第四十四条　自然灾害指以自然变异为主因的危害动植物及人类的事件，包括风暴、海啸、台风、龙卷风、水灾、旱灾、冰雪灾害等气候灾害以及地震、山体滑坡和泥石流等地质灾害。

第一节　汛情及极端气候灾害的处置

第四十五条　在汛情或极端气候到来前，饭店应组织人员对防汛器材、防汛设施、避雷装置、污水泵、机房等重点要害部位等进行检查和维护，确保各项设备运转正常；在地下车道口、地势较低的出入口及其他重点要害部位门口准备沙袋；对建筑物顶部、门窗、外围悬挂设施等部位进行检查和维护，并做加固或清理处理。

第四十六条　若获知汛情或极端气候现象出现，饭店应安排人员赶赴现场核查情况，并视情况决定是否通知总机及时启动应急联络程序，调集人员进行堵漏、排水工作，对重点要害岗位、库房等区域增加人力及防汛器材和工具，防止次生灾害发生，下达转移物资指令，启动应急救援预案。

第四十七条　在应急处置过程中，工程部应视情况决定是否切断受灾区域的电源，要及时组织人员携带工具到达现场抢险，对严重积水的部位，抽调排水设备进行排水。保安部应根据指令对发生汛情的岗位增派人员执勤，劝阻无关人员进入受影响区域，安排人员在楼层进行巡逻，防止不法人员进行破坏，防止盗窃及恐慌骚乱，维持公共区域的秩序。在室外值班的安全员，应检查饭店外墙的玻璃窗是否关闭，将外围用电和电源关闭，以免造成短路火灾。其他受事故影响的部门应组织人员做好对客人的安抚解释工作，根据指令疏导客人离开受影响区域。其他人员随时准备协助医务人员抢救伤者，及时与保险公司进行联络。

第二节　地震的处置

第四十八条　饭店处置地震的应急原则为：长期准备，立足突然；统一指挥，分工负责；快速反应，自救互救。

第四十九条　饭店应根据应急情况，制订疏散方案，确定疏散路线和场地，有组织地对客人及工作人员进行避震疏散。当饭店所在区域人民政府发布临震警报（包括有感地震和破坏性地震）后，即进入临震应急期，饭店应及时组织开展临震应急工作。

第五十条　当饭店所在区域及其邻近地区发生地震，并有明显震感时，饭店应及时组织开展有感地震应急处置工作，并根据当地政府和上级部门传达的信息和指令，安排人员做好地震信息的传递和宣传疏导工作，防止地震谣传，稳定客人及工作人员情绪。

第五十一条　当饭店所在区域发生破坏性地震时，饭店应立即组织抗震指挥部。抗震指挥部应即刻进入指挥一线，启动抗震救灾指挥系统，并成立抢险救灾组、医疗救护组、治安保卫组、疏散组、宣传组等工作小组。工作侧重点为组织客人及员工疏散、开展自救互救、预防和消除地震次生灾害。

第九章　饭店建筑物和设备设施事故

第五十二条　饭店建筑物和设备设施，指饭店主要的固定资产，其中，饭店建筑物指饭店进行生产经营活动的人造地面固定场所，设备设施指饭店通过购买或拥有等方式为进行经营管理等活动所使用的工具。饭店建筑物和设备设施事故，指饭店的建筑物和设备设施在特殊情况下出现的异常从而给饭店经营管理活动造成不利影响的各种事件，主要包括停水、停电、停气、电梯运行故障及监控中心无法运转等。

第三节　停水、停电及停气的处置

第五十三条　若根据各种信息反馈，店内停水、停电、停气是店外原因引发，饭店应安排人员联系设备及水、电、气的供应方，说明饭店目前出现的具体情况，详细询问事故的破坏程度和修复时间，并立即向饭店突发事件应急处置指挥机构报告。在故障排除后，应组织人员到相关区域巡查，恢复设备运行，维修受损设备，落实改进措施。

第五十四条　若发现或获知在没有事先通知的情况下，店内发生停水、停电、停气等现象，饭店工程部应立即向相关机房通报情况，安排专业人员携带专用工具到现场查看，检查店内是否存在其他停水、停电、停气现象。若发现机房设备出现了严重故障，工程部应立即向饭店总经理等高层领导报告，指示相关机房启动应急方案，赶往相关机房现场指挥，要求总机启动应急联络程序。各部门负责人接到报警后，应立即返回岗位，随时准备接受相关命令。

第五十五条　经确认，停水、停电、停气问题在短时间内无法解决时，饭店应安排专人向相关部门求援，并立即启用临时发电机、临时供水车等救援设备。

第五十六条　在应急处置过程中，饭店工程部应视需要，安排专业维修人员分别前往解救电梯内被困乘客；前往配电室启动应急发电机以保障事故照明、消防设施设备用电；前往事故现场进一步查明原因，留守观察，及时反馈。保安部应重点关注监控系统、消防系统等运转情况，依照指令，在饭店各出入口及相关区域增加人手，加大巡视密度，做好事故现场的警戒工作，控制现场，防止发生混乱。前厅部应及时向饭店突发事件应急处置指挥机构提供住店客人资料，并安排人员做好对客人的解释、安抚及客人要求和意见的反馈工作，看管好客人的行李，确保店内指挥通信畅通。餐饮部应要求所有当班服务员及厨师保持冷静，并采取相应措施稳定就餐客人情绪，向客人说明情况争取得到客人谅解。若客人要求离开，应安排服务员给客人照明、指引道路，防止造成混乱。餐饮部负责人及厨师长还应根据指令，及时制定对策，调整菜单，提供易于制作的食品。停电时，客房部应组织人员携带手电筒等应急照明装置赶往楼层巡视，为客人进入房间和离店提供照明。停水时，客房部应从库房或其他场所调集矿泉水，当应急送水车到饭店后，及时给客人提供必备的生活用水。采购部应购买柴油等物品以保证应急发电机正常运行，并联系购买饮用水及食品等，为应急处置提供保障。财务部应组织外币兑换处及各收银点和各下属办公室的员工收集和保管好现金、账目、重要单据票证等，通知电脑机房做好重要资料的备份、保管工作，做好人工处理相关服务的准备。其他各部门应坚守岗位，管理人员应在现场进行督导，及时向饭店突发事件应急处置指挥机构反馈情况，服从统一指挥。

第四节　电梯运行故障的处置

第五十七条　若发现或获知电梯因发生运行故障而停机，饭店监控部门应立即确认是否有人受困，并尝试用呼叫电话与轿厢内乘客联系；劝告乘客不要惊慌，静候解救；建议乘客不要采取强行离开轿厢等不安全措施。

第五十八条　通知工程部维修人员按相关操作规程到现场开展解救工作，安排大堂经理等相关人员到事故地点与被困乘客进行有效的不间断沟通，请客人安心等候，协助配合解救。

第五十九条　协助乘客安全离开轿厢后，饭店应及时安排人员安抚乘客，并询问其身体有无不适。对受伤或受惊吓者，应按相关规定及时安排医务人员实施救治。

第六十条　饭店应及时安排工程部电梯维修人员联系厂家对故障电梯进行全面检修，确保电梯运行安全。

第五节　监控中心

第六十一条　监控中心不仅是饭店实施日常安全保卫工作的信息、图像控制中心，而且还是饭店在处置突发事件时期的重要指挥中心。监控中心员工必须有高度的责任心，保证所负责的烟感报警系统、消防喷淋系统、消防水喉配备系统、灭火器材布点系统、监视器设置系统以及广播系统的设备和监控中心机房的设备运营良好。

第六十二条　若在一个点上或多个点上发生突发事件，必要时，保安部经理甚至饭店总经理必须到达现场或到达监控中心指挥。在特定条件下，监控中心可进一步监视现场场景，比如对电梯内的流程接点进行时间控制、录制现场实况，为事后数据分析和破案提供依据。监控中心应与保安各岗位的交互系统同步工作，以便做到一呼百应，提高制度实施的效率。

第十章 公共卫生和伤亡事件

第六十三条 突发公共卫生事件，指突发性重大传染性疾病疫情、群体性不明原因疾病、重大食物中毒以及其他严重影响公众健康的事件。伤亡事件，指除凶杀外的所有意外伤亡事件，包括因自杀、工伤、疾病、意外事故等造成员工或客人伤亡的事件。

第六节 公共卫生事件的处置

第六十四条 公共卫生事件的预防必须以各部门以及每位员工的积极预防为主。饭店应教育全体员工养成良好的个人卫生习惯，加强卫生知识学习，提高自我保护意识和自救能力，不食用不洁食品和可能带有传染病源的动物。饭店应定期对员工进行身体检查，做到"早发现、早报告、早隔离、早医治"。若员工在店外被发现患有传染病或疑似传染病，员工本人应及时根据状况严重程度及医生建议向饭店汇报；若员工在店内得知自己或被发现患有传染病或疑似传染病，员工本人或发现其症状的员工应立即向饭店汇报。若员工被确诊已患传染病，饭店应视情况及医生建议，决定是否对与之接触过的员工或客人设法进行相关检查。相关人员应做好保密工作。患有传染病或疑似传染病的饭店员工应待医院及饭店医务室确认无恙后方可上岗。

饭店各部门应定期开展卫生清扫，积极消除鼠害、蚊、蝇、蟑螂等病媒昆虫。采购部应把好食品采购关，不购买未经检疫的动物、肉食及制品，对购进的禽畜类生物及制品，应严格验收登记，一旦发现问题，应立即停止食用；应把好生产、加工、运输、贮存关，做到食品加工"当日生产、当日销售、当日食用"，运输工具天天消毒，食品储存、加工生熟分开。工程部应加强对饭店空调系统的管理，保持良好的通风换气，定期对电梯、公用电话等公共设施和用具进行消毒。

第六十五条 当发生突发公共卫生事件时，饭店突发事件应急处置指挥机构应立即召集相关人员听取情况汇报，视情况决定是否向相关疾控中心、公安机关及上级部门报告。饭店医务室在接到报告后，应立即了解相关人员病情，如经总经理授权，应立即报告疾控中心，配合防疫部门及时做好消毒、监测、隔离工作，将疫情控制在最小范围内。

第六十六条 如果突发公共卫生事件发生在饭店公共区域、餐厅或客房等店内区域，最先发现情况的员工应立即报告饭店，并由饭店派人与客人联系。负责与发病客人交涉的人员应做好自我保护工作。

第六十七条 饭店应及时安排相关人员陪同医务室医生前往询问客人相关信

息，采取必要救治措施，同时等待疾控中心专业人员到达并配合行动。如传染病客人不配合工作，可通知保安部协助或由保安部上报有关部门。

第六十八条　客人被送往医院后，饭店应视情况决定是否采取保护或消毒措施，如客人被确诊患有传染病，饭店应及时对其使用过的器皿、客房等进行严格消毒，清查与之接触过的员工群体，确认易感人员名单，按要求进行隔离观察，确保其他员工和客人的安全。如病人被确诊为重大传染病病例，饭店应根据传染病传播程度或防疫部门的要求，采取部分或全部封闭措施，并根据封闭范围和在岗人员情况，成立由总经理领导的指挥部，组成对客服务组、生活保障组、后勤供应组、安全警卫组、义务救护组负责饭店部分封闭期间的正常运转。

第七节　食物中毒的处置

第六十九条　若发现或获知有客人或员工出现食物中毒症状，发现人应首先了解中毒者国籍、人数、症状程度等基本情况，然后向饭店总机或其危机应急中心报警。总机或其危机应急中心应立即向饭店总经理等高层领导报告，按指示启动应急联络程序，同时向急救中心求援。在现场的饭店工作人员应妥善安置中毒者，保护好现场。

第七十条　饭店突发事件应急处置指挥机构应立即了解情况，并视情况决定是否向相关的疾控中心、公安机关及上级部门报告。

第七十一条　饭店应及时安排医务室医生携带急救药品和器材赶往现场，实施必要的紧急抢救，并根据具体情况决定是否将中毒者送往医院抢救，或等待急救中心专业人员处理。饭店应安排食品化验员了解详细情况，找出可疑食品及食品盛放工具，对病人呕吐物等加以封存，对食物取样化验。如涉及外籍人员，应视需要向外事主管部门报告。

第七十二条　饭店保安部应派人做好现场保护工作，协助医务人员抢救中毒者，验明中毒者身份，做好询问记录。如有投毒怀疑，保安部负责人需请示饭店总经理决定是否向公安机关报告，并视情况决定是否划定警戒区，及对相关的厨房、餐具、食品进行封存。

第八节　意外伤亡事件的处置

第七十三条　饭店员工发现饭店区域内有人身意外伤亡事件发生，必须立即报告保安部，同时注意保护现场。保安部接到报告后，应记录时间、地点、报告人身份及大概伤亡性质，如工伤、疾病、意外事故等。接到报告后，保安部经理应立即到现场，同时通知值班经理（大堂）和医务室，如涉及设备导致的工伤，应通知工程部。饭店总经理由保安部负责人通知。如遇死亡事件，饭店应向公安机关报告。

第七十四条　保安部到现场后，应立即设立警戒线封锁现场，疏散围观人员。如是设备导致的工伤，由工程部关掉有关设备，由保安部和医务室人员确定伤亡结果。如人员未死亡，应立即组织抢救，保安部酌情向伤员了解情况，大堂经理和医务室人员联系就近医院和急救中心；如确定人员死亡，应立即将现场与外界隔离，遮挡尸体并注意观察和记录现场情况。如明显属于凶杀或死亡原因不明，应按凶杀案程序处理。如确定是意外死亡，应进行拍照，访问目击者和知情人，隔绝围观，遮挡尸体并保护现场。保安部负责报告公安机关并配合勘察，勘察完毕应立即将尸体转移至相关太平间存放。

第七十五条　如事件涉及员工，由保安部和人事部共同负责处理善后工作；如事件涉及客人，由保安部和值班经理共同负责处理善后工作，如清点客人财物等。保安部负责调查或协助公安部门调查、记录事件发生经过及处理情况。工程部负责恢复有关设备。行政部负责提供药品、车辆。客房部负责清理现场。

第十一章　社会治安事件

第七十六条　社会治安事件，是指现实社会中在一定法律、法规和制度的约束下而出现的影响社会安定和秩序的事件，具体包括拨打恐吓电话及放置可疑爆炸物事件，抢劫、暗杀、凶杀、枪击、绑架等暴力事件，非法展览或非法集会事件，诈骗犯罪事件，散发非法宣传品事件，大型活动或会议突发事件等。

第七十七条　饭店应通过有效培训，使员工在各种社会治安事件面前，基本做到沉着冷静。现场第一发现人能记清犯罪嫌疑人的体貌特征、凶器及踪迹，并及时向饭店报告，同时按照饭店应急处置指挥机构的指示与命令做好各项工作。

第七十八条　在应急处置过程中，饭店突发事件应急处置指挥机构应及时全面了解具体情况，决定是否下达排查隐患、向公安机关报警、疏散人员等指令。各部门接到相关指令后，应立即对本部门各辖区开展排查工作。若接到疏散指令，应及时通知和引导所辖区域的客人疏散到安全区域，客房部、餐饮部、前厅部等应做好对来电咨询的客人或本饭店客人的安抚工作。若社会治安事件已在店内造成人员伤亡，各部门应及时组织伤员抢救工作，并启动其他相关处置预案。

第九节　恐吓电话及可疑爆炸物的处置

第七十九条　饭店应制作恐吓电话填写单。接听恐吓电话时，应冷静、礼貌倾听，不打断来电者。当来电者还在线时，接听人应当用事先规定的暗号通知其他人员。

第八十条　饭店保安部在获知店内发现有客人遗留的包、纸箱及其他可疑物品后，应立即安排人员携带防爆毯等工具赶赴现场识别检查，设置警戒，并严禁触摸、移动可疑爆炸物。如怀疑为爆炸物，应马上向饭店报告，并要求总机启动应急联络程序，安排人员封闭现场，疏散现场周边人员，控制相关出入口，对可疑人员进行询问、监视。对第一发现人及时进行问讯记录，做好前期的证据保留工作。工程部应立即关闭现场附近可能引发恶性事故的设备设施，撤走周围的易燃、易爆物品，及时准备饭店平面图及必备的设施，做好停水、断电、关闭天然气及抢修的准备工作，并对店内重点要害部位进行认真细致的排查。前厅部应及时准备在店客人名单，有效维持饭店大堂和公共区域秩序，及时清除门前所有障碍物，确保店内通信系统畅通。其他相关部门应采取的行动参考第四十二条的相关内容。

第八十一条　事件发生后，如被要求发布新闻，须经总经理批准。新闻发布须根据饭店应急处置指挥机构统一口径进行。新闻发布由饭店公关部或总经理办公室负责，但仅限以下内容：对事件的一般描述，报告事件、地点、受伤或死亡人数（注意，不提人员姓名），更多详情需等调查结果出来后再发布。

第十节　抢劫、凶杀、枪击、绑架等暴力事件的处置

第八十二条　处置抢劫、凶杀、枪击、绑架等暴力事件时，饭店应根据违法犯罪行为的具体情况，采取有效措施及时处置。在处置过程中，应采取有利于控制事态、有利于取证、有利于缩小影响、力求最小限度受损的处置原则。处置要及时，应尽可能把违法犯罪活动制止在萌芽状态。若发现人员有犯罪倾向，应及时采取控制或教育的措施，并视情向主管安全部门反映，尽量减少暴力事件的发生。

第八十三条　如发生暴力事件，饭店突发事件应急处置指挥机构应及时全面了解具体情况，通知电话总机启动应急联络程序，下达指令封闭区域，保护现场，向公安机关报告，疏散现场周边人员等。

第八十四条　在应急处置过程中，保安部应及时安排人员设置警戒线，控制相关出入口，协助公安部门对第一发现人及时进行问讯记录，做好证据保留工作，调取监视系统中相关的影像资料。若犯罪嫌疑人正在威胁他人生命，现场的最高管理者要设法稳定其情绪，控制事态发展，等待公安人员前来处置。如有伤者，应向急救中心求援。在急救中心专业人员未到达前，医务室人员应携带必备急救药品到指定地点对伤者进行紧急救治。如有伤亡人员需送往医院时，应安排人员随同前往，并做好医院就诊的各项记录。前厅部等相关部门应及时调取客人受伤害的资料，上交饭店突发事件应急处置指挥机构。总机要确保通信联络畅通。保安部人员参与转运死伤人员，并对客人遗留在公共区域的财物进行统计和保管。

第十一节　非法展览或非法集会的处置

第八十五条　饭店员工若发现有人在店内正在举行或即将举行非法展览或非法集会，应立即向保安部报告；饭店销售人员若发现举办方的活动与原定活动内

容不符或活动性质改变，应及时报告保安部，并与举办方交涉，要求其暂时停止相关活动。

第八十六条　保安部接到相关报告，应立即安排人员赶赴现场查明情况。在请示饭店总经理后，视情况决定是否按相关规定及时报告公安机关。

第八十七条　对存在严重威胁国家安全、攻击国家政府行为的非法展览或非法集会，饭店应采取果断措施，及时报告公安机关，防止事态扩大。在处理过程中，应协助公安机关重点关注首要人员和极端人员，注意发现别有用心人员，尽量避免发生不必要的冲突。对已经扩大的复杂事态，应慎重处理，要及时劝阻、疏散围观人员，尽量保护好现场。协助控制、看管违法人员，防止其逃跑、自残、自杀或伤害他人。应有效控制在场的当事人和见证人，积极配合公安机关展开调查。

第十二节　诈骗事件的处置

第八十八条　宾客入店时，必须填写临时住宿登记单，预交住房押金。前台服务员应严格执行公安机关关于住宿客人必须持有效证件（护照、身份证）办理住房登记手续的规定，对不符合入住要求的不予登记，并及时报告保安部和前厅部经理。对使用支票付账的国内宾客，应与支票发出单位核实，发现情况不实时，应设法将支票持有人稳住，速报保安部，待保安部人员赶到后一起进行处理。

第八十九条　住店宾客在饭店的消费金额超过预付押金金额时，饭店可根据情况要求其追加押金或直接结算。饭店各岗位收银员应熟悉银行支付款的"黑名单"，严格执行检查复核制度。收取现金时，应注意检查货币特别是大面值货币的真伪，发现假钞时，应及时报告保安部，由保安部和财务部出面处理。

第九十条　发现持有假信用卡、假币者，应采取以下措施：

同发卡银行联系，确定信用卡真伪，一经确认是假信用卡或假币，立即将其假信用卡、假币、护照或其他证件扣留；及时通知保安人员到场控制持假信用卡币者，防止其逃离或做出危害员工安全的行为；打电话报告值班经理、财务部和保安部。经保安部初步审理，视情况报告公安机关。

第十三节　散发非法宣传品事件的处置

第九十一条　非法宣传品，指有危害国家安全、利益，攻击我国社会制度和领导人，危害政治安定和社会稳定或未经国家有关部门批准而发放的有虚假内容的书、报、刊物、资料、音像制品、招贴画和广告等。

第九十二条　保安部应加强对公共区域的巡视，如发现有散发非法宣传品迹象的可疑人员，应立即进行监控、制止和盘查。各岗位服务员在服务时，发现形迹可疑或正在散发非法宣传品、物品的情况时，一要立即制止，二要立即报告，三要控制住可疑人员和物品。大堂服务员及行李员应留意来往客人是否携带有非法宣传品和有随意丢弃物品的可疑迹象。客房服务员应注意发现在客房区域无目的徘徊的可疑人员，在清扫房间时，应留意是否有非法宣传品。饭店各平台和制高点的出入口，应有专人负责管理，未经批准者不得进入，并做到随时关锁。

第九十三条　事件发现人应迅速向保安部和电话总机报告，并讲清事发地点，宣传品内容、性质，有无可疑人员及报警人姓名和所在部门等。

第九十四条　接到报警后，保安部应立即派人赶到现场处理，扣留嫌疑人并收缴其随身携带的宣传品，检查其身上是否有其他宣传品，并迅速将其带离现场进行进一步审查。如此种行为发生在大厅或其他公共区域，服务员和保安人员应立即上前制止，并将其迅速带离现场，同时收缴全部非法宣传品。发现或接报有人从建筑物上向下散发宣传品时，应对现场进行拍照取证，调查了解事情的经过和造成的后果，收集必要的证据（人证、物证）；控制现场，疏散围观群众，防止事态进一步扩大；经审查和核实，请示饭店领导报报公安机关和有关部门。前厅部、大堂经理应做好围观客人的解释工作，并收回客人手中的非法宣传品交保安部。其他岗位的服务员在岗时，如发现有人散发非法宣传品，应立即制止，并视情况扣留相关人员和非法宣传品，送交保安部处置。如非法宣传品已经散落在地，应立即行动，全力收缴，并上交保安部。经审查，嫌疑人确系散发非法宣传品时，应将其及非法宣传品送交公安机关处理。将可疑人员带离现场或饭店时，保安部应设计好路线，将事件影响降低到最小程度。

第十四节　大型活动或会议突发事件的处置

第九十五条　在举行各类大型活动或会议前，饭店保安部应对会场进行安全检查，确保疏散通道畅通，疏散门能够全部开启，并准备好手持扬声器和其他通信设施、手电等协助疏散用品，确保其能有效使用。

第九十六条　在活动或会议正式开始前，饭店保安部应再次向举办方了解参加人数，并在各疏散出口等重要位置安排适当数量的保安人员。在参加活动人员陆续抵达饭店期间，应安排专人注意观察是否有作案嫌疑人或不法活动苗头。

第九十七条　若在活动或会议进行过程中发生突发事件，在现场服务的饭店相关管理人员应立即向保安部报告，并要求在场人员保持冷静、不要惊慌，服从饭店保安人员指挥，或向公安机关请求支援。如发生停电等事故，还应通知工程部启动停电处置预案。

第九十八条　在开始播放疏散广播后，各出入口的保安或服务人员应用手持扬声器等设备提示客人携带好贵重物品，防止发生拥挤、推搡、跌倒以及踩踏事故，引导客人疏散到安全区域，并安排人员安抚客人。等现场人员全部疏散完毕后，保安部应安排人员对各出入口做好警戒，防止发生趁机哄抢和冒领现场遗留物品的事情，并对现场遗留物品进行逐一登记，及时做好发还工作。

第十二章　公关危机事件

第九十九条　公关危机事件，指各种突发性的危害饭店声誉的事件。

第一百条　饭店应建立公关危机事件处置小组，全面负责突发事件的预防、处理、跟踪和媒体监控活动。建立快速反应检查系统，建立针对内部信息系统和与媒体联系的意外事件处置方案，收集事件证据，填写危机事件表，及时回应媒体的咨询或现场采访的要求。帮助减少伤害和控制负面传播，及时引导媒体，维护饭店声誉。

第一百零一条　饭店应建立对外信息发布制度。饭店员工如接到媒体的电话问讯或要求采访、到现场拍摄等请求时，应礼貌热情，协助将电话转至公共关系部或总经理办公室。公共关系部或总经理办公室将安排饭店总经理或集团（公司）授权的发言人就媒体的要求进行回复。对来访的记者，员工应表示自己无权解答，礼貌地帮助记者找到公共关系部或总经理办公室。在饭店内，只有总经理或总经理授权的相关负责人有权解答记者的问题，经总经理或总经理授权的相关负责人确认后的文字资料才能对外发布。在发生突发性事件后，饭店应立即通知更高级别的管理者，避免发布不一致的信息。

第一百零二条　对外发布信息应在公关危机事件处置小组或饭店指定的执行机构审定后进行。公关危机事件处置小组领导应起草新闻陈述初稿并提交饭店总经理批准。饭店公关危机事件处置小组的成员应该接受公关危机培训。

第一百零三条　若新闻媒体报道了有关饭店的不确切的消息或不切题的引述，饭店应立即通知公共关系部或总经理办公室。公共关系部或总经理办公室应致电相关新闻媒体，请其核实并及时更正。

主要参考文献

1. 王伟：《饭店危机服务（从冷漠抱怨投诉到诉讼）》，旅游教育出版社 2008 年版。

2. 刘春玲：《旅游产业危机管理与预警机制研究》，中国旅游出版社 2007 年版。

3. ［德］格莱泽（Glaesser Dirk），安辉译：《旅游业危机管理》，中国旅游出版社 2004 年版。

4. 薛澜、张强：《危机管理》，清华大学出版社 2003 年版。

5. 李经中：《政府危机管理》，中国城市出版社 2003 年版。

6. 国际关系研究所：《国际危机管理概论》，时事出版社 2003 年版。

7. 陈佳贵：《危机管理：面对突发事件的抉择》，广东经济出版社 2002 年版。

8. 北太平洋国际战略研究所：《应对危机》，时事出版社 2001 年版。

9. 罗伯特·希斯：《危机管理》，中信出版社 2001 年版。

10. 苏伟伦：《危机管理》，中国纺织出版社 2000 年版。